효과적인 상담을 위한

사례개념화의 실제

통합적 사례개념화 모형(ICCM-X)

이명우 저

학지사

사례개념화는 상담실무자의 상담개입 효율성을 극대화하는 데 도움이 되어야 한다. 상담실무자는 사례개념화를 통해 상담개입의 방향을 잡고 여러 가지 상황에 지쳐 힘들어하는 내담자의 마음을 깊이 이해할 수 있어야 하며, 사례개념화에 기반한 임상활동을 실행하고, 이에 따른 소정의 목표에 도달할 경우 상담종결에 이르게 된다. 슈퍼비전이나 상담교육에서 내담자 문제에 대한 사례개념화를 했다는 상담실무자들의 상담사례를 살펴보면, 해당 설명란에 내담자가 말하는 사건들을 반복적으로 나열하거나 상투적인 전문용어로 가득 채운 경우가 많다. 또한 각 상담회기의 내용을 들여다보면, 개념화의 내용과 다른 상담개입 또는 임상활동이 산만하게 이루어져 있는 경우도 많다. 상담종결 이후 자체 평가한 상담성과도 상담자가 시도하려고 했던 사례개념화에 따른 상담개입의 결과라는 증거를 찾기 힘들 때가 많다. 이렇게 슈퍼비전이나 상담교육에서 상담자의 사례개념화와 상담개입 간의 엄청난 거리를 발견하게 되면 참으로 당황스럽다.

이 책은 필자의 다년간의 상담실무, 실무와 이론 간의 연결고리를 찾으려는 사례개념화 연구 그리고 사례개념화를 기반으로 한 상담교육과 상담슈퍼비전의 경험을 토대로 집필하였다. 부족하나마 이 책이 사례개념화에 대한 상담실무자의 궁금증과 배움에 대한 요구를 충족시켜 상담실무 능력을 향상하는 데 도움이 되기 바란다. 마지막으로 이 책을 집필할 수 있도록 적극적인 지원을 아끼지 않으신 학지사의 김진환 사장님과 영업부 한승희 부장님, 편집부 박지영 선생님께 진심으로 감사드린다.

2017년 1월
저자 이명우

01

사례개념화의 이해

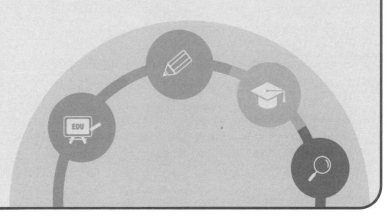

01 사례개념화의 이해

사례개념화가 상담현장에서 사용된 시기는 1990년대 후반으로, 그 이전에는 사례개념화라는 용어가 거의 사용되지 않았다. 사례개념화란 용어가 사용되지 않았다고 해서 상담에서 사례개념화에 대한 내용이 없었다는 것은 아니다. 사례개념화에 대한 내용은 주로 상담이론과 성격이론에서 다루어졌다.

상담이론과 성격이론에는 두 영역이 있는데 하나는 내담자가 문제를 경험하는 이유에 대한 영역이고, 다른 하나는 문제를 해결하기 위해 어떻게 해야 하는지 구체적인 방법을 다루는 영역이다. 예를 들면, 프로이트(Freud)의 정신분석 상담이론에서는 문제와 관련된 해결되지 않은 과거의 무의식을 심리적인 문제를 경험하는 이유로 본다. 이런 관점을 가진 상담자는 초기면접 과정에서 심리적 문제와 관련된 해결되지 않은 무의식을 깊이 탐색하는 데 초점을 두고 그러한 무의식을 꿈이나 전이를 통해 의식화할 수 있도록 하는 상담전략을 사용한다. 즉, 상담자는 특정 상담이론이나 성격이론을 통해 내담자 문제의 원인을 파악하고 그 원인을 다룰 수 있는 다양한 기법과 전략을 구상하게 된다.

이렇게 상담이론 또는 성격이론에서 다루어졌던 영역이 지금은 사례개념화라는 독립된 하나의 영역으로 자리 잡고 있다. 미국에서는 관리의료체제하에서 보험회사가 상담자에게 상담 전에 내담자의 문제를 개념화한 내용을 바탕으로 한 상담계획을 요구하고, 상담 종결 이후에는 상담결과 보고서를 제출하도록 요구하는 것이 보편화됨에 따라 사례개념화를 하는 능력이 상담자의 중요한 능력으로 부각되고 있다.

이 장에서는 상담자의 중요한 능력으로 부각되고 있는 사례개념화를 잘하기 위해 필요한 사례개념화의 기본 가정과 오해와 진실, 사례개념화의 기능에 대해 알아보고자 한다.

1. 사례개념화의 기본 가정

1) 심리적 문제에는 '그렇게 할 수밖에 없는 이유'가 반드시 있다

우리는 살아가면서 '어떤 사람' 때문에 힘들어질 때가 있다. 그 어떤 사람은 부모, 형제일 수도 있고 배우자, 자녀, 친구, 이웃, 직장상사, 후배일 수도 있다. 그 사람만 생각하면 화가 나고 이해하려고 아무리 애를 써도 도저히 이해할 수 없다는 마음만 든다. 이해도 안 되고 용납도 안 되니 그 사람을 보거나 생각할 때마다 얼마나 답답할까. 상담자도 마찬가지다. 상담자도 내담자를 처음 대할 때 어떤 사람에 대해 주변 사람들이 느끼는 것과 같이 화가 나기도 하고 이해가 되지도 않고 답답한 마음이 들 때가 있다. 이런 경우, 보통 상담자들은 속에서는 화가 나지만 겉으로는 이해하는 척한다. 상담을 공부하면서 내담자에게 공감적인 반응을 하라고 배웠기 때문이다. 그러나 이것은 옳은 상담자의 태도가 아니다. 속으로는 공감하지 못하면서 겉으로 마음이 담기지 않은 공감표현을 하게 되면 상담자는 내담자를 대하는 주변 사람과 똑같은 사람이 될 뿐 그 이상은 될 수 없다.

내담자를 처음 만날 때는 상담자도 내담자의 주변 사람들이 내담자에게 느끼는 것과 같은 경험을 하지만, 상담자는 그들과 달리 '내가 이 내담자를 보는 순간 화가 나고 이해할 수 없다는 마음이 드는 것은 내담자가 말과 행동을 그렇게 할 수밖에 없는 이유를 몰라서 그럴 것이다. 내담자가 이런 식으로 말하고 행동할 수밖에 없는 이유는 무엇일까? 그 이유를 정말 알고 싶다.' 라는 마음으로 내담자를 대해야 한다. 상담자는 그런 마음을 가지고 내담자에게 질문을 하고 내담자를 이해하려고 애쓰고, 자신이 이해한 것이 맞는지 내담자에게 확인해 보며 내담자와 같이 느끼고 표현해 봐야 한다. 그렇게 해도 이해가 되지 않는 부분은 내담자에게 "이런 부분은 이해가 되는데, 저런 부분은 내가 이해하려고 애를 써도 이해가 잘 되지 않네요."라고 솔직하게 이야기하고 어떻게 하면 이해할 수 있는지 내담자에게 물어봐야 한다. 내담자도 잘 모르는 경우에는 상담자가 세운 가설을 내담자와 공유하며 내담자는 어떻게 생각하는지 확인할 필요가 있다. 필자의 경험에 의하면, 내담자는 상담자가 자신을 이렇게 대하면 참 고마워한다. 왜냐하면 내담자 자신도 문제의 이유를 몰라서 말과 행동으로 답답함을 표현하고 있는데, 상담자가 세세히 원인을 찾아서 질문해 주고 그것을 바탕으로 이해해 주려고 애쓰기 때문이다.

여기에서 중요한 것은 내담자가 그렇게 할 수밖에 없는 이유의 크기가 크면 이유를 작게 나누어서 다시 그 이유를 탐색해야 한다는 것이다. 일반적으로 내담자들은 자신이 갖고 있는 문제의 이유를 큰 덩어리로만 생각하는 경향이 있고, 이유의 크기가 너무 커서 자신이 어떻게 해 볼 수 없다는 마음이 들면 화를 내거나 문제해결을 포기하기 때문이다. 따라서 상담자는 내담자가 가진 문제의 이유를 큰 덩어리로만 생각하지 말고, 더 이상 쪼갤 수 없을 만큼 작게 나누어 세세하게 이유를 알아내야 한다.

2) 이유를 알면 지금-여기에서 할 수 있는 것이 보인다

일반적으로 상담에서는 조언과 정보 제공, 문제해결, 지지라는 세 가지 형태의 해결책을 사용한다. 내담자가 찾아오면 내담자에게 조언과 정보를 제공하거나, 문제해결을 제공하거나, 처음부터 끝까지 내담자의 편이 되어 지지해 주는 것이다. 이때 핵심은 내담자에게 이러한 해결책을 얼마나 효과적으로 제공해 주느냐 하는 것이다. 내담자가 받아들이고 소화할 수 있는 범위 내에서 적절한 시기에 해결책을 제공하는 것이 중요한데, 그리하려면 앞에서 말한 것처럼 내담자가 그렇게 할 수밖에 없는 이유를 상담자가 마음 깊이 느끼고 이해해야 한다. 그래야 비로소 내담자도 상담자와 함께 자신의 문제를 풀기 위해 노력하게 된다.

편의상 내담자를 그룹별로 나눈다면, 정보와 조언이 필요한 내담자는 A그룹의 내담자에 해당된다. A그룹의 내담자는 상담실에 오지도 않지만 상담실에 오더라도 내담자가 가진 자원이 워낙 많아서 같이 있어 주기만 해도 대부분 스스로 문제를 해결한다. 상담자들은 이런 A그룹의 내담자는 산타할아버지가 주시는 크리스마스 선물처럼 상담실에 오고, 설령 선물로 왔더라도 의뢰과정에서 자기한테 올 가능성은 거의 없다는 농담을 하곤 한다. 이런 내담자는 두루뭉술한 개념화를 해도 문제의 해결책을 찾는 데 큰 무리가 없다.

문제해결이 필요한 내담자는 B그룹에 속하는 내담자라고 볼 수 있다. B그룹의 내담자는 A그룹의 내담자보다는 갖고 있는 자원이 부족하지만 그래도 상담자가 옆에서 조금만 도와주면 자신의 문제를 통찰하고 상담자와 함께 구체적인 해결방안을 찾아간다. 이런 내담자는 일시적으로 힘들어하긴 하지만 자원이 있기 때문에 사례개념화가 비교적 잘 되고, 내담자가 이미 갖고 있는 이전의 해결책을 탐색해 보면 선택할 수 있는 답이 나오는 편이다.

상담자가 주목해야 할 내담자는 내담자가 가진 자원이 거의 없어서 처음부터 끝까지 지지를 해 주어야 하는 C그룹의 내담자다. 이런 내담자는 경험세계가 일반 사람들과 많이 다르기 때문에 상담자도 이런 내담자의 행동과 생각을 이해하는 것이 쉽지 않다. 솔직하게 말하면, 이런 내담자를 대하는 상담자는 생각과 말, 마음과 행동이 따로따로이기 쉽다. 생각으로는 오로지 지지가 필요한 C그룹에 해당되는 내담자라는 것을 알고 있고 그래서 말로는 "힘드시겠어요."라고 공감하는 척하지만, 속으로는 짜증이 나고 화도 나며 심지어 내담자를 무시하고픈 마음도 든다. 이런 내담자에게는 미세한 개념화를 해야 한다. 즉, 내담자가 그렇게 할 수밖에 없는 이유를 두루뭉술한 큰 덩어리가 아닌 '더 이상 쪼갤 수 없을 정도로 아주 작은' 이유로 나누어 알아내야 상담자가 내담자에게 효과적인 지지를 끊임없이 제공할 수 있다.

우리는 매일매일 저마다 독특한 개성을 지닌 사람들을 만나며 살고 있다. 백인백색(百人百色)이라는 말이 있듯이, 사람은 외모뿐만 아니라 생각과 성격과 감정과 행동하는 방식이 다 다르다. 이러한 개성의 차이가 상대방에 대한 호감과 호기심을 불러일으키기도 하고 때로는 이질감과 거부감을 유발하기도 한다. 우리는 일상생활에서 만나는 사람들의 이런 다양한 개성을 이해하고 적절하게 대응하려고 노력한다. 일반적으로 사람을 대할 때도 이렇게 하는데 문제를 지닌 채 상담실을 찾아오는 내담자를 이해하고 공감하며 지지하고, 문제해결책을 같이 찾아야 하는 상담자는 마땅히 그 이상의 노력을 기울여야 한다.

2. 사례개념화에 대한 오해와 진실

오해: 정보가 많을수록 사례개념화가 더 잘 된다.
진실: 보이는 객관적인 많은 정보보다 보이지 않는 주관적인 적
은 정보가 개념화에 훨씬 더 도움이 된다.

상담자들은 내담자의 문제를 개념화하기 위해서 내담자가 가진 문제와 관련된 정보를 많이 탐색하려고 애쓴다. 문제와 관련된 기초정보가 없으면 슈퍼비전을 받거나 사례발표를 할 때 슈퍼바이저에게 한소리 듣기도 한다. 그래서 조금 심하게 표현하면 상담자가 내담자의 문제와 관련된 정보를 탐색한다는 미명하에 형사가 범인을 취조하듯 내담자를 대할 때도 있다.

자원이 많은 A그룹의 내담자나 자원은 부족하지만 상담자가 조금만 도와주면 자신의 문제에 대한 통찰을 할 수 있는 B그룹의 내담자는, 내담자가 문제와 관련된 정보를 알고 있고 문제를 일으킨 그 일

이나 사건으로 왜 힘든지 알고 있는 경우가 많으므로 정보를 아는 것이 개념화하는 데 도움이 된다. 그렇다면 가진 자원이 없는 C그룹의 내담자는 어떠할까?

골드프라이드(Goldfried, 1991)의 변화단계에 의하면 내담자는 희망단계, 치료적 관계 단계, 통찰단계, 교정단계 그리고 현실검증 단계로 변화해 간다고 한다. 그러나 C그룹의 내담자는 삶에 대한 희망이 없는, 희망단계 이전의 단계에 있으며 상담에 대한 기대도 갖고 있지 않다. 이런 내담자에게는 정보가 많을수록 사례개념화에 도움이 된다는 생각이 옳지 않을 수 있다.

문제 행동을 보이면서도 변화하고자 하는 의지는 없는 성인이나 비행 청소년이 주위 사람들에 이끌려 상담실에 오게 되면, 상담자는 내담자의 문제에 대한 정보를 많이 알 수 있는데 그런 정보는 주로 내담자의 가족이나 보호자들에게서 나온다. 가족이나 보호자에게서 나오는 "이 사람은(또는 이 아이는) 이런저런 이상한 행동을 하고 우리를 이렇게 저렇게 매일 힘들게 해요."라는 식의 내담자에 대한 정보는, 상담자가 내담자의 문제를 개념화하는 데 도움이 되기보다는 오히려 상담자가 내담자 때문에 힘들어하는 사람들 편에 서서 내담자를 대하게 할 가능성만 크게 만든다. 이렇게 되면 그렇지 않아도 상담을 하고자 하는 마음이 조금도 없는데 타의에 의해 끌려왔거나 그래도 혹시나 하는 약간의 기대를 가지고 왔던 내담자들이 '상담자도 별 수 없구나. 다른 사람들이 나한테 하는 거랑 똑같네.'라는 생각을 하게 되고 상담에 저항하기 때문에 사례개념화를 하는 것이 더 어려워진다. 간혹 상담에 대한 기대를 가진 내담자가 자신의 문제와 관련된 정보를 이야기하는 경우가 있는데, 이때도 자신이 왜 힘든지 그 이유를 모르거나 "누구누구 때문에 그렇다. 이 사회가 나를 이렇게 만든다."라는 식의 하소연을 하는 정보가 대부분이다. 이런 정보 또한 사례개념화를 하는 데에 가치 있는 정보가 되지 못한다.

그렇다면 정보에 대한 상담자의 생각을 바꿔야 한다. 정보는 겉으로 보이는 하나의 객관적인 사실일 뿐이다. 아무리 많은 객관적인 사실이 있다 하더라도 그것 때문에 사람이 문제행동을 한다고 보기는 어렵다. 동일한 객관적인 조건에 있더라도 어떤 사람은 문제행동을 보이는 반면 어떤 사람은 그런 조건을 성장의 기회로 삼기 때문이다. 이런 현상을 무엇으로 설명할 것인가? 내담자가 갖고 있는 문제의 개념화를 잘하기 위해서는 객관적인 정보나 사실을 모으는 데 그치지 말고 그로 인해 경험하게 되는 내담자의 마음을 알아보는 것, 즉 눈에 보이지 않는 것을 찾아내는 능력이 필요하다. 내담자가 문제를 경험할 수밖에 없는 진짜 이유는 객관적인 관련 정보가 아닌 그 너머의 보이지 않는 마음에 있으므로, 중요한 것은 내담자의 문제와 관련된 정보를 많이 수집하는 것이 아니라 적은 정보일지라도 그 너머에 있는 마음을 알아내는 것이다.

오해: 개념화는 머리로만 이루어지는 것이다.
진실: 개념화는 머리에서 시작해서 가슴으로 완성하는 것이다.

우리는 사례개념화를 상담자의 인지적 기술로만 생각할 때가 많다. 물론 내담자가 현재의 문제경험을 하게 된 경로에 대한 인지적 지도를 그리는 것이 사례개념화이므로 그렇게 생각할 수도 있다. 자원이 있는 A그룹과 B그룹에 속하는 내담자의 경우에는 사례개념화를 인지적 기술로 보는 것이 부분적으로 맞다. 왜냐하면 내담자가 보통 사람들과 유사하게 문제에 대해 경험하기 때문에 상담자가 내담자의 문제에 대해 머리에서 인지적으로 이해하면 곧바로 가슴으로도 이해할 수 있기 때문이다.

그러나 C그룹에 속하는 내담자들에 대해서는 상담자가 내담자의 그렇게 할 수밖에 없는 이유를 머리로 이해했다고 해도 가슴으로도 '눈물이 핑 돌고' '심장이 뛰는' 이해를 하는 것이 쉽지 않다. 자원이 없는 C그룹의 내담자를 대하면 대부분의 상담자가 머리로는 내담자가 그렇게 할 수밖에 없는 이유를 이해하려고 하지만 가슴으로는 "답답하다" "화가 난다." "도저히 납득이 되지 않는다."라고 말할 때가 많다. 이런 상태에서 상담을 진행하게 되면 상담자는 머리와 가슴이 따로따로인 상담을 하게 된다.

여기에서 문제는 내담자가 일상생활에서 만나는 대부분의 주위 사람도 내담자에게 머리와 가슴이 분리된 반응을 한다는 것이다. 겉으로는, 말로는, 머리로는 내담자를 이해한다고 하면서도 속으로는, 행동으로는, 가슴으로는 제대로 이해해 주지 않는다. 즉, 내담자 주변에는 내담자를 머리와 가슴으로 온전히 이해해 주는 사람이 없다는 말이다.

상담자도 내담자의 주변 사람들이 내담자에게 하는 것처럼 내담자에게 머리와 가슴이 분리된 반응을 하는 경험을 하게 된다. 그러나 상담자는 사례개념화를 통해 내담자가 그렇게 할 수밖에 없는 이유를 탐색하여 "아, 이래서 그럴 수밖에 없었구나." 하고 이해하는 마음이 가슴에 울려 퍼질 수 있도록 해야 한다. 그렇게 상담자가 내담자를 머리에서 인지적으로 이해할 뿐만 아니라 가슴으로도 이해할 때, 내담자는 상담자를 통해 지금까지 가져 보지 못했던 '자신을 온전히 이해해 주는 사람'을 만나는 경험을 하게 된다. 그렇게 되면 내담자는 상담자를 신뢰하게 되고 상담에 희망을 가지며 상담자와 치료적 동맹관계를 형성한다.

그런데 간혹 상담자가 내담자의 행동이 머리로는 이해되지 않음에도 "아, 이래서 그랬구나." 하고 가슴이 먼저 먹먹해지는 경험을 할 때가 있다. 상담자에게 일어나는 이와 같은 현상을 역전이라고 하는데, 이것은 상담자가 경계해야 할 위험한 신호다. 머리에서 인지적으로 이해되지 않았는데 가슴이 먼저 반응하게 되면 상담관계가 어디로 튈지 모르기 때문이다.

오해: 사례개념화는 초기에만 하면 된다.
진실: 사례개념화는 초기단계에 이루어지고 상담의 진행에 따라 수정·보완되며, 이에 따라 중기의 상담개입이 이루어지고 종결단계에는 종결의 시점을 알려 주는 지표가 된다.

많은 상담자가 상담 초기에 내담자가 직접 하는 이야기가 아닌 내담자의 주변 사람들이 하는 이야기와 그들에게서 얻은 정보를 엮어서 두루뭉술한 개념화를 하고는 그것으로 사례개념화를 다 했다고 생각한다. 때로는 상담 초기에 개념화를 하지 않은 채 상담을 한참 진행하다가 슈퍼비전이나 사례발표를 준비하면서 상담 초기에 개념화를 한 것처럼 뒤늦게 작성할 때도 있다. 이런 태도는 사례개념화를 효과적인 상담개입을 하기 위해서 하는 것이 아니라 다른 누군가에게 보여 주기 위해서 그럴듯한 스토리를 쓰는 것쯤으로 생각한다는 것을 의미

하며, 사례개념화를 하는 진짜 이유는 모른다는 것을 나타낸다.

사례개념화는 내담자가 갖고 있는 문제의 원인을 탐색하고 문제와 관련된 핵심 이유를 다루기 위해, 그래서 더 효과적인 상담개입을 하기 위해서 하는 것이다. 내담자들은 과정이 아닌 결과에만 집중하고 이에 함몰되어, 자신이 가진 모든 에너지를 자신이 너무 힘들고 억울하다는 점을 주장하는 데 사용한다. 상담자가 이런 내담자의 힘들고 억울한 마음을 이해하고 어루만져 주면서 내담자의 기운을 북돋워 주면 내담자는 결과만 보는 조망에서 벗어나 원인을 살펴보는 더 큰 조망을 갖게 된다.

상담자는 내담자와 함께 찾아내고 공유한 문제의 원인에 대한 내담자의 얽히고설킨 복잡한 마음을 매 회기마다 조금씩 효과적이고 체계적으로 다루어 주는 과정을 거친다. 이런 과정을 거치며 상담이 중반 이후로 접어들면, 내담자가 갖고 있는 문제의 원인은 그대로이더라도 그 원인을 대하는 내담자의 마음에 변화가 있는지 또는 그로 인한 불편한 관계나 행동이 많이 개선되고 있는지를 확인하면서 상담을 종결할 시점을 정한다. 이러한 모든 상담과정은 사례개념화와 함께 이루어진다. 따라서 사례개념화는 상담을 효과적으로 하기 위해 상담의 처음부터 끝까지 상담자가 들고 가야 하는 상담의 지도다.

오해: 사례개념화는 상담자만 알면 된다. 내담자가 알 필요는 없다.
진실: 사례개념화는 상담자와 내담자가 함께 하는 협력과정이다.

어떤 상담자들은 마치 비밀요원이 임무를 수행하듯이 내담자 몰래 내담자의 문제와 관련된 자료와 정보를 탐색하고 내담자의 문제를 개념화한 내용을 혼자만 간직한다. 물론 상담자는 내담자가 가진 문제의 관련 배경을 살펴보면 문제의 원인을 가설적으로 짐작할 수 있다. 그러나 이 과정에서 상담자가 내담자와 협력하면 보다 정확한 가설을 세울 수 있고 또한 그 가설을 내담자와 공유해야 앞으로 전개되는 상담과정에 적극적으로 개입할 수 있다.

때로는 상담자가 대강의 얼개로 개념화의 초안을 잡지만 그 구체적인 내용은 모르는 경우가 있다. 예를 들어, 인터넷 게임에 푹 빠져 있는 중학교 3학년 남학생 내담자가 있다고 하자. 자의에 의해서가 아니라 보호자에 의해 거의 반강제적으로 상담실에 끌려온 내담자라서 상담자가 면담과정에서 내담자가 중독 수준의 인터넷 게임을 하는 이유를 탐색하는 것이 쉽지 않다. 내담자는 초등학교 1학년 때부터 억울하고 분한 감정이 들 때마다 인터넷 게임을 했다고 말했다. 그런데 이제는 그것이 일상이 되어 매일 하루에 10시간쯤 인터넷 게임을 하며 새벽 3시 반에 잔다고 했다. 이제 상담자는 내담자가 중독 수준으로 인터넷 게임을 하게 된 이유가 매번 억울하고 분한 마음을 달래기 위해서였음을 알게 되었고, 인터넷 게임이 내담자의 복잡한 마음을 달래는 무의식 수단이었다는 것을 알게 되었다. 초기면접이 마무리되어 갈 때쯤 상담자는 궁금해졌다. 왜 이 내담자는 자신의 마음을 달래는 수단인 인터넷 게임을 하루 종일이 아닌 하루에 10시간만 하고 더 이상 하지 않을까? 어째서 새벽 3시 반이면 잠자리에 들고 학교는 결석하지 않고 꼬박꼬박 가는 걸까? 그렇게 절제하는 힘은 어디에서 나오는 거지? 여러분도 궁금하지 않은가? 여기에서 내담자가 그렇게 행동하는 이유에 대해 상담자가 짐작으로 몇 가지 가설을 세워 볼 수 있지만 내담자가 그렇게 하는 진짜 이유는 내담자의 협력 없이는 알 수가 없다. 그래서 상담자는 내담자에게 그 이유를 물었고 내담자는 꿈에 대해 이야기했다. 내담자는 지금은 비록 게임에 빠져 공부를 등한시하고 있지만 초등학교 때부터 체육선생님이 되고 싶은 꿈을 가슴에 품고 있었다. 그 꿈 때문에 수업시간에 마냥 졸지 않으려고 서너 시간은 꼭 잠을 자고 학교엔 결석하지 않으며 게임을 하루 종일 하지 않고 절제하고 있었던 것이다. 내담자의 협력이 없다면 상담자가 이런 이유를 알아낼 수 있을까? 내담자가 가진 힘의 원천이 체육선생님이 되고자 하는 꿈에 있다는 것을 알게 된 상담자는 이제 내담자에게 적합한 상담을 진행하고 개입을 할 수 있으며, 내담자는 상담자를 신뢰하고 능동적으로 상담에 임하게 된다. 만약 이런 과정 없이 상담자의 짐작으로 세운 가설에 따라 상담자가 제시하는 방향으로 상담이 진행된다면, 내담자는 상담자가 이끄는 대로 수동적인 자세를 취할 뿐 상담에 적극적으로 참여하지 않을 것이다. 따라서 사례개념화는 상담자의 관심 어린 질문으로 시작하고 내담자의 협조적인 정보로 완성되어 가는 과정이라고 볼 수 있다.

> 오해: 상담이론이 없어도 사례개념화를 할 수 있다.
> 진실: 상담이론이 없는 사례개념화는 문제와 관련된 사실과 정보
> 를 단순히 나열한 것일 뿐이다.

내담자의 문제에 대해 개념화를 해 보라고 하면 내담자 문제의 배경, 즉 객관적인 정보나 사실을 나열하거나 설명하면서 그것으로 개념화를 다 했다고 생각하는 상담자들이 있다. 필자는 그런 상담자에게 다음과 같은 질문을 한다. 비슷하거나 동일한 조건에 있는 사람들

은 모두 비슷한 문제를 경험해야 하는데 그렇지 않은 경우는 어떻게 설명할 것인가? 어떤 사람은 비슷한 조건에 있음에도 문제를 경험하는 것이 아니라 오히려 그런 아픔을 발판삼아 성장하기도 하는데 이런 경우는 어떻게 설명할 것인가?

상담자에게 상담이론이 없으면 유사한 조건에서 사람들이 각각 다른 경로를 가게 되는 이유를 설명할 수 없고 사례개념화를 할 수 없다. 상담자는 상담이론을 통해 내담자의 문제와 관련되어 나열된 객관적인 사실 속에서 다른 사람과 내담자의 미묘한 차이를 발견하고 이를 설명할 수 있게 된다. 따라서 상담자는 자신의 상담이론으로 사례개념화를 하고 또 사례개념화를 통해 자신의 상담이론을 정교화하는 작업을 끊임없이 수행해야 한다.

3. 사례개념화의 기능

사례개념화는 다음의 네 가지 기능을 가지고 있다.

첫째, 사례개념화는 내담자의 문제를 진단하고 평가하는 기능이 있다. 사례개념화를 통해서 내담자가 얼마나 문제를 심각하게 겪고 있는지 파악할 수 있고 내담자의 문제와 관련된 다양한 요인을 탐색하여 상담개입의 방향을 결정할 수 있다. 이는 실제 상담실무에서 접수면접을 통해 개략적으로 내담자 문제의 원인을 탐색하고 내담자에게 제공할 수 있는 상담개입의 유형 또는 수준을 결정해야 하는 접수면접자 그리고 심리평가를 맡은 임상가의 역할에 해당하는 것이다.

둘째, 사례개념화는 사례이해의 깊이를 더하는 기능이 있다. 흔히 사례이해라고 하면 단순한 정보를 나열하고 내담자의 문제를 인지적 수준에서 이해하는 것으로 알고 있는데, 이는 상담서비스의 유형을 결정해야 하는 접수면접자나 상담실무자의 진단과 평가를 지원하는 임상가가 하는 사례이해라고 할 수 있다. 상담실무자는 인지적 수준의 사례이해에서 더 나아가 내담자가 현재의 문제를 경험할 수밖에 없는 이유를 마음속 깊이 이해할 수 있어야 한다. 그런 깊이 있는 이해는 내담자 문제의 원인과 관련된 다양한 정보를 바탕으로 한 사례개념화를 통해서 가능하다. 만약 상담실무자가 내담자의 문제에 대해 인지적 수준의 사례이해에만 머무르게 되면 내담자와 언어적 상호작용을 할 때 실제적인 개입으로 연결하지 못한다. 예를 들어, 학교폭력 가해자를 상담하는 상담자가 내담자의 폭력 행위에 대한 이유를 인지적으로 '어릴 때 내담자를 버리고 간 엄마에 대한 화를 푸는 출구'라고 사례이해를 했다 하더라도, 내담자의 행위는 매우 나쁘지만 '그럴 수밖에 없었겠구나.' 하고 가슴속 깊이 내담자의 마음을 이해하는 데까지 이르기는 쉽지 않다. 이럴 때 상담실무자는 사례개념화를 통해 내담자의 마음속까지 이해가 되는 깊은 수준의 사례이해를 할 수 있으며, 이렇게 깊은 수준의 사례이해를 하면 내담자가 그렇게 할 수밖에 없는 이유를 가슴으로 이해하게 되어 실제 상담개입으로 연결할 수 있다.

셋째, 사례개념화는 사례이해를 바탕으로 구체적인 상담개입의 방향을 제시해 주는 좌표의 기능을 한다. 사례개념화를 하는 궁극적인 목표는 상담개입의 효율성을 높이는 데 있으며, 사례개념화를 잘 하면 상담자의 상담 효율성은 극대화된다. 그러나 상담자들의 상담사례 또는 축어록을 분석해 보면, 매 회기의 상담개입이 상담자가 제시한 사례개념화와 다르게 진행되는 경우가 많고 그렇게 진행한 상담개입마저 효율성이 있는 것인지 의문이 들 때가 많다. 상담자가 한 사례개념화가 상담실제에서 개입으로 연결되어 상담의 효율성을 높이는 데 도움이 되지 않는다면 사례개념화를 제대로 했다고 볼 수 없다. 상담자가 내담자의 문제에 대한 깊은 사례이해를 하게 되면 상담개입의 방향을 분명히 할 수 있고, 내담자의 준비도에 따라 주어진 상담시간 안에 변화의 지렛대로 활용할 수 있는 부분을 찾아 핵심적으로 이를 다룸으로써 상담의 효율성을 극대화시킬 수 있다. 이 모든 과정에서 나아갈 방향을 알려 주는 좌표의 역할을 하는 것이 바로 사례개념화다.

넷째, 사례개념화는 상담자의 상담이론을 정교하게 만드는 기능을 한다. 상담자는 [그림 1-1]과 같이 사례개념화를 통해 자신의 상담이론 관점에서 내담자 문제와 관련된 정보를 바탕으로 내담자가 왜 그러한 문제를 경험하게 되었는지 이해하고, 문제를 해결할 수 있는 상담개입에 대한 상담계획을 수립한다. 상담계획을 수립한 후 실제 개입을 통해 계획한 변화가 일어나는지 모니터링하고, 만약 변화가 일어나지 않으면 사례의 이해, 상담의 개입계획, 상담의 실제 개입 또는 실행을 되짚어 보면서 변화가 일어나지 않은 이유를 탐색하고 이를 보완하여 다시 개입하는 과정을 거친다. 상담자는 처음에 상담이론과 상담실제의 연결이 두루뭉술한 사례개념화로 시작하지만 상담을 거듭하면서 상담이론과 상담실제를 긴밀히 연결한 개입을 할 수 있게 되고, 그렇게 한 사례가 많아질수록 상담자 자신의 상담이론은 더욱 정교해지며 상담이론을 실제 상담사례에 접목할 수 있는 사례개념화 능력은 점점 커지게 된다.

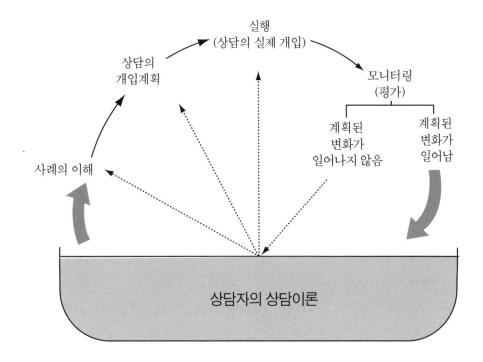

[그림 1-1] 상담이론과 사례개념화 관계 흐름도

02

통합적 사례개념화 모형

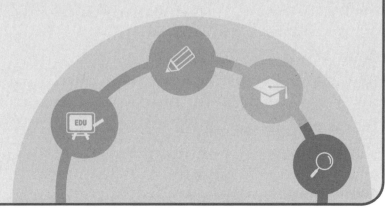

02 통합적 사례개념화 모형

이 장에서는 필자가 다년간의 상담현장에서의 경험과 선행연구들의 지혜를 토대로 개발하여 여러 차례의 연구과정과 상담현장에서의 적용과정을 거쳐 검증한 통합적 사례개념화 모형(ICCM-X)을 제시하고자 한다. 이 통합적 사례개념화 모형은 상담실무자들이 자신만의 상담이론을 바탕으로 사례개념화를 하는 능력을 증진시키고, 상담현장에서 실제로 행해지는 상담자 개입에 도움이 될 것이다. 또한 선호하는 상담이론이 서로 다른 상담실무자 간, 슈퍼바이저 간, 또는 상담실무자와 슈퍼바이저 간에 원활하게 전문적인 소통을 할 수 있는 기회를 제공할 것이다.

1. 통합적 사례개념화 모형(ICCM-X)

1) 기본원칙

(1) 호기심을 갖는다

호기심을 국어사전에서 찾아보면 '새롭거나 신기한 것에 끌리는 마음'이라고 되어 있다. 호기심에는 어떤 현상을 '이해'하기 위한 호기심이 있고 어떤 현상을 '평가' 하기 위한 호기심도 있는데, 사례개념화에서 필요한 호기심은 사례를 '이해' 하기 위한 호기심이다.

내담자가 기이한 생각과 행동을 할수록, 즉 증상이 깊을수록 내담자가 그렇게 할 수밖에 없는 진짜 이유를 알아내기는 어렵다. 이럴 때 상담자는 내담자를 진정으로 이해하기 위한 순수한 호기심과 여유를 가지고 내담자를 대해야 한다. 상담자가 호기심과 여유를 갖고 내담자가 그렇게 행동하거나 생각할 수밖에 없는 이유를 찾아보는 것은 내담자가 겪는 아픔의 원인을 찾아 그것을 알아주기 위함이다. 상담자가 이유를 빨리 알아내고자 하는 성급한 마음을 가지면 겉으로 드러나는 설익은 이유를 문제의 진짜 이유로 착각할 수 있다. 또한 상담자가 여유 없이 성급해 하면 내담자는 자기를 닦달한다고 오해하고 저항하게 되어 초기상담에서 가장 중요한 내담자와의 동맹관계를 맺는데 어려움을 겪게 된다.

호기심을 가지고 내담자 문제의 이유를 알고자 한다면 누구나 하는 일반적인 질문이 아닌 관점을 바꾼 질문을 해야 한다. 예를 들어, 중학교 3학년에 재학 중인 여학생의 내방경위가 다음과 같다고 하자.

> 엄마, 아빠의 이혼으로 조부모와 함께 생활함. 거짓말과 도벽, 친구들과의 잦은 다툼, 가출로 인한 결석으로 학교에 부적응함. 가출하고 3~4일 후 용돈이 떨어지면 돌아옴.

내담자에 대한 이런 정보가 주어지면, 상담자들은 일반적으로 "엄마, 아빠는 언제 이혼을 했나?" "어떤 거짓말을 했나?" "도벽은 언제부터 했는가?"와 같은 질문을 먼저 한다. 그러나 내담자 문제의 진짜 이유를 알고자 하는 호기심을 가지고 있다면 남들이 일반적으로 하는 질문이 아닌 관점을 바꾼 질문, 즉 "내담자가 도벽을 할 수밖에 없는 이유는 무엇인가?" "내담자가 학교를 그만두지 않고 다니려는 이유는 무엇인가?"와 같은 질문을 해야 한다.

(2) 간절함을 갖는다

내담자에게는 문제를 경험할 수밖에 없는 이유가 반드시 있으므로 상담자는 그 이유를 알고 싶은 간절함을 가져야 한다. 상담자는 내담자 문제의 이유를 알고 싶은 간절한 마음으로 시간적 여유를 가지고 마음의 자세를 낮춰 내담자를 대해야 한다. 그렇게 해야 상담자가 마음속에서 호기심을 갖고 던진 질문에 대한 가능한 몇 가지 답을 찾아낼 수 있으며, 향후 내담자를 관찰하거나 상담자 마음속에 떠오른 잠정적 답들이 맞는지 추가적인 질문으로 확인하는 작업에 효과적으로 도달할 수 있다. 상담자가 진실로 내담자의 문제에 대한 이유를 알고자 하는 간절함 없이 그저 상담자 자신의 답답함을 해소하기 위해서 하는 질문들은 방향성이 없어서 산만해지며, 단지 일상적인 대화의 연장일 뿐 적절한 치료적 개입을 하는 데 도움이 되지 않는다.

(3) 재미를 누린다

상담자가 내담자를 내담자 주변 사람들의 시선이 아닌 그들과는 다른 관점으로 바라보면, 상담자가 호기심을 갖고 던졌던 질문에 대한 답이 떠오른다. 즉, "이 내담자는 교실에서 불쌍하고 초라한 모습을 보이지 않기 위해 강한 척하는구나." "친한 친구의 지갑에 손대지 않는 것은 그 친구가 평상시 내담자에게 보여 준 호의에 대한 고마움의 표현일 수도 있겠구나." "장기간 결석하지 않고 학교에 가는 것은 고등학교를 가고자 하는 마음이 있기 때문일 거야." 등의 답이 마음속에 떠오른다.

이렇게 상담자의 마음속에 떠오른 답이 맞는지 확인하려면 내담자의 행동을 세심히 관찰하거나, 내담자에게 "결석을 하긴 하지만 학교에 계속 가는 이유는 뭐니?" 하고 직접 물어보는 방법이 있다. 말이 별로 없는 내담자라면 "네가 중간중간 결석을 하면서도 학교를 포기하지 않고 가는 것은 고등학교에 진학하고 싶어서인 것 같은데, 내 생각이 맞니?" 하고 상담자가 마음속으로 생각한 질문과 답을 모두 이야기해 주며 확인할 수도 있다. 이때 상담자의 가설이 맞을 수도 있고, 상담자의 촉진적 역할로 상담자가 미처 생각하지 못한 새로운 답, 예를 들면 "우리 할머니를 실망시키고 싶지 않아서요."라거나 "학교가는 날에는 할머니가 맛있는 반찬을 해 주셔요."와 같은 답을 통해 내담자의 숨겨진 마음을 만날 수도 있다.

상담자가 세운 가설이 맞건 또는 상담자가 미처 생각하지 못한 내담자의 숨겨진 마음을 만나건 간에, 상담자는 이 과정에서 내담자가 그렇게 할 수밖에 없는 이유에 가까이 접근하고 있다는 느낌을 갖게 된다. 이렇게 내담자 주변인들이 내담자를 보는 시선과는 다른 관점에서 내담자에 대한 호기심을 가지고 제기한 질문에 간절한 마음으로 답을 찾아가고 맞히는 과정을 필자는 '재미'라고 표현하고자 한다. 질문에 대한 답을 찾아가고 그 답이 맞는 걸 확인하는 과정이 주는 이런 재미는 상담자 혼자서만 누릴것이 아니라 내담자와 함께 누려야 한다. 그렇게 하면 내담자도 기대를 갖고 더 적극적으로 상담에 임하게 될 것이다.

(4) 울림이 샘솟게 한다

'울리다' 라는 말을 국어사전에서 찾아보면 여러 뜻이 있지만 여기에서의 울림은 '마음에 감동을 일으키는 것'을 의미한다. 사례개념화에서 울림은 중요하다. 울림은 진단 및 평가를 하여 서비스 유형을 정하는 역할을 하는 임상가의 사례개념화와 진단 및 평가를 바탕으로 상담서비스를 제공하는 상담자의 사례개념화 간의 차이를 만든다. 상담자는 임상가와 달리 내담자가 그렇게 할 수밖에 없는 이유를 머리로도 이해하고 가슴으로도 이해하여 마음에 울림이 있어야 한다. 그래야 비로소 내담자의 문제를 개념화한 사례개념화라는 지도에 따라 내담자와 함께 변화하기 위한 작업을 해 나갈 수 있다.

사례개념화에서의 울림은 비유하자면 마음이 감동하여 가슴이 우는 것으로, 가슴으로 내담자에 대한 온전한 이해가 이루어져야 울림이 일어난다. 그저 생리적으로 눈물이 핑 돈다고 해서 울림이 이루어진 것은 아니라는 말이다. 필자가 사례개념화에 대한 교육을 진행하다 보면 때때로 내담자의 문제를 개념화하다 개념화를 통한 그 울림이 너무 커서 펑펑 우는 상담자를 보기도 한다. 사례개념화에서 보이는 울림은 연못에 이는 동심원처럼 조금씩 천천히 퍼져 나가 가슴이 울게 하는 현상이라고 할 수 있다.

때로 머리에서 개념화가 이루어지지도 않았는데 가슴에서 먼저 울림이 생기는 경우가 있는데, 이는 역전이로 봐야 한다. 상담자가 특정 내담자나 사건에 대해 과도한 울림 현상을 보이면, 이는 상담자 자신의 해결되지 않은 감정이 내담자의 모습을 통해 투영되어 나타난 것이므로 주의해야 한다. 상담자는 사례개념화를 통한 울림과 역전이로 인한 울림을 구별할 수 있어야 한다.

2) 핵심원리

(1) 겉으로 드러난 사실 너머에 있는 내담자의 반복적인 패턴을 파악한다

사례개념화의 가장 중요한 핵심원리는 겉으로 드러난 단순한 사실을 보는 것이 아니라 내담자가 조건과 상황에 따라 반복적으로 드러내는 현상, 즉 내담자의 패턴을 파악하는 것이다. 상담자가 내담자의 반복적인 패턴을 파악하기 위해서는 우선 내담자의 증상 또는 문제를 구체화할 수 있어야 한다. 내담자의 해당 증상 또는 문제와 관련이 있는 조건들을 구체화하면 이를 통해 조건과 증상 사이에 존재하는 반복적인 패턴을 쉽게 찾을 수 있다.

상담실에 찾아온 내담자의 문제를 구체화하기 위해서는 행동관찰과 함께 호소하는 문제를 구체화해야 한다. 내담자의 호소문제를 구체화하기 위해 필요한 주호소문제 또는 증상의 선택 기준에는 '가장 먼저 나온 것' '가장 중요하게 생각하는 것' '가장 관심 있는 것' '가장 시급한 것' '가장 힘든 것' 'DSM 진단기준'이 있다(이명우, 2004). 이런 기준에 따라 상담자가 내담자의 주호소문제와 증상을 선정하여 구체화하면, 내담자가 사건이나 사실과 관련하여 호소하는 내용을 더 주의 깊게 듣게 되고, 때로는 내담자의 문제를 더 깊이 이해하기 위해 내담자에게 관련 사건과 사실들을 먼저 질문할 수도 있다.

상담자가 이런 과정을 통해 주호소문제(또는 증상)를 일으키는 촉발요인을 연결해 보면 내담자의 반복적인 대응방식 또는 행동방식을 발견할 수 있는데, 내담자가 주로 사용하는 대응방식에는 공격, 의존, 회피가 있다(Sperry & Sperry, 2012).

(2) 내담자 문제에 대한 잠정적 가설이 맞는지 확정될 때까지 검증한다

상담 초기에 내담자의 문제에 대한 사례개념화를 하고 나면 개념화한 것이 맞는지 관찰과 질문을 통해 확인해야 한다. 내담자의 문제에 대한 개념화는 가설이므로 틀릴 수 있기 때문이다. 따라서 상담자는 자신의 가설이 맞는지 검증해야 하는데, 이때 사용되는 방식으로는 중립적 질문, 반대질문, 타당질문 방식이 있다. 이런 검증을 통해 정보가 일치하면 그 가설을 유지하지만 그렇지 않으면 기존의 가설, 즉 개념화를 수정·보완해야 한다.

(3) 작은 단서 조각에서 시작하여 그렇게 할 수밖에 없는 이유의 전체 퍼즐을 맞춰간다

상담자의 추론방식에는 상담 시작부터 작은 단서에서 얻은 정보의 조각을 하나씩 맞춰 가며 서서히 가설을 세워 가는 전향식 추론(forward reasoning)과 여러 단서의 정보를 탐색한 후 이를 종합하여 최종적으로 가설을 세우는 후향식 추론(backward reasoning)이 있다. 대부분의 상담자는 후향식 추론에 따라 개념화를 하는 경향이 있다. 특히 상담 경력이 많지 않은 상담자는 초기면접에서 내담자 문제의 배경을 탐색하려고 상당히 애를 쓴다. 그리고 사례발표나 슈퍼비전을 앞두고 내담자의 문제와 관련된 여러 정보를 종합하여 내담자 문제에 대한 개념화를 작성하곤 한다. 반면, 숙련된 전문가는 첫 접수면접을 예약하기 위한 전화 통화나 의뢰서에서 얻은 작은 단서에서 시작해 초기면접에서 얻은 정보를 추가해 가며 점차 개념화를 완성해 간다.

⑷ 상담자가 선택한 상담이론의 관점에서 내담자 문제의 원인을 찾
아 이를 구체화한다

슈퍼비전을 하면서 상담자에게 내담자가 문제경험을 하는 이유를
설명해 보라고 하면 내담자한테서 얻은 정보를 나열하는 데 그치는
경우가 많다. 만약 사례개념화를 이런 식으로 한다면 상담자가 주로
내담자의 상황이나 조건을 변화시키는 데 역점을 두는 상담개입을 한
다는 의미다. 예를 들어, 4학년이 되자 학교를 안 가겠다고 해서 담임
선생님이 상담을 의뢰한 초등학생 내담자가 있다고 하자. 상담자는
"내담자가 어릴 때부터 아버지에게 자주 맞았고, 초등학교 3학년 때
반에서 힘센 친구 서너 명한테 괴롭힘과 왕따를 당한 것 때문에 4학
년 들어와서 학교를 안 가겠다고 한다."라고 보고하였다. 이렇게 사
실을 나열하는 개념화는 상담자가 가정폭력과 왕따 등 내담자를 둘러
싼 문제환경을 개선하는 데 역점을 두는 개념화라고 볼 수 있다.

그러나 상담자가 내담자의 심리적 문제를 우선시하여 아버지와 친
구에 대처하는 방식과 문제환경의 개선(예: 아버지 면담과 협조, 담임선
생님을 통한 괴롭히는 친구들 통제)을 함께 다루고자 한다면 앞서 상담
자가 한 개념화의 초점이 달라져야 한다. 문제환경이 개선되어 운 좋
게 아버지와 친구들이 내담자에게 우호적으로 바뀐다고 해도 심리적
으로 어릴 때부터 쌓여 온 마음의 상처가 하루아침에 눈 녹듯 사라지
는 것은 아니기 때문이다. 즉, 내담자에게서 얻은 정보를 나열만 할
것이 아니라 그로 인해 내담자에게 어떤 마음의 상처(또는 심리적 문
제)가 있는지 찾아보고, 겉으로 드러나는 객관적 사실 너머에 있는 내
담자의 심리적 메커니즘을 반드시 이해해야 한다. 이때 필요한 것이
바로 상담이론이다.

상담이론은 상담자가 객관적 사실 너머에 있는 내담자의 심리적 메커니즘을 볼 수 있도록 해 주고 이를 해결하기 위한 구체적인 전략을 구상할 수 있도록 안내해 준다. 상담자는 상담이론을 통해 비슷한 상황에서 그런 문제를 경험하지 않는 사람도 많은데 왜 내담자는 문제를 경험하는지 그 이유를 명확히 이해할 수 있고, 이 어려운 문제를 풀 수 있는 지침까지 얻을 수 있다. 상담이론이 없으면 정상에서 벗어난 이상행동과 이상심리를 이해하는 것이 불가능하기 때문에 상담이론은 매우 중요하다. 상담자는 상담이론을 통해 일반적으로는 도저히 불가능한 이해의 영역까지 도달할 수 있고, 주위의 어느 누구도 이해해 주지 않는 내담자의 행동과 심리를 이해하고 이를 상담과정에서 내담자와 나눔으로써 내담자에게 자신의 아픔을 외면하지 않고 마주볼 수 있는 용기를 준다. 만약 상담자에게 상담이론이 없다면 내담자의 마음속 깊이 있는 아픔과 상처를 제대로 이해하지 못할 것이고, 따라서 마음이 담기지 않은 말들로 그때그때 공감하는 시늉만 하는 피상적인 상담관계를 맺을 수밖에 없을 것이다.

슈퍼비전에서 상담자에게 어떤 상담이론으로 사례개념화를 했는지 질문하면 통합적 접근으로 했다고 답하는 상담자들이 많다. 이렇게 답하는 상담자들의 개념화 내용을 살펴보면 내담자의 문제를 이해하는 데 하나의 상담이론을 적용하기보다는 여러 상담이론에서 흥미 있는 상담전략을 갖다 쓴 경우가 대부분이며, 간혹 내담자 문제를 이해하는 데 상담이론을 적용했다 하더라도 정밀하지 못하고 두루뭉술하다. 상담자에게 당신의 개념화 수준은 이 정도인데 어찌해서 하나의 이론으로 깊이 있게 하지 않고 이것저것 혼합한 통합적 접근을 고집하느냐고 질문하면, 빠른 성과를 원하는 내담자를 도와주기 위해 상담현장에서는 여러 이론의 장점만 모아서 할 수밖에 없다고 대답한다. 필자는 상담현장에서 느끼는 상담자들의 이러한 고뇌를 잘 알고 있으며 충분히 이해한다. 그렇지만 이것은 내담자의 문제를 깊이 있게 이해하기 위해서가 아니라 눈에 보이는 성과를 내기 위해서 급한 마음에 각 이론의 기법과 전략을 차용하는 것일 뿐이다. 하나의 상담 이론으로 깊이 있게 다루지 않고 처음부터 여러 상담이론의 기법과 전략을 혼용하다 보면, 해당 이론이 갖고 있는 고유한 설명구조를 상담실제에 적용할 수 있는 능력이 생기기도 전에 어려움에 부딪힐 때마다 계속 상담이론을 바꾸는 잘못을 범하게 된다.

한 이론이 갖고 있는 고유한 설명구조를 상담실제에 적용하는 능력을 연마하는 과정에 있는 상담자라면 누구나 여러 가지 어려움에 직면하게 된다. 그 어려움은 해당 이론의 설명구조를 정확히 모르기 때문일 수도 있고, 이론을 이해하긴 했지만 상담실제와 연결하는 능력이 다듬어지지 않았기 때문일 수도 있다. 또 어쩌면 정말로 해당 이론이 갖고 있는 한계 때문일 수도 있다. 그러나 아직 전문가 수준에 이르지 못한 상담자들이 겪는 어려움은 해당 이론이 갖고 있는 한계 때문이 아니라 이론에 대한 이해가 부족하거나 이론과 실제를 접목하는 능력이 부족하여 생기는 경우가 대부분이다. 결론적으로 말하자면, 상담자는 자신의 마음에 드는 상담이론을 하나 선택하여 상담실제에 적용해 보면서 그 이론이 갖고 있는 한계를 만날 때까지 선택한 상담이론을 바꾸지 말고 꾸준히 상담이론과 상담실제를 연결하는 훈련을 해야 한다. 그렇게 상담이론의 한계를 자신만의 임상경험으로 뛰어넘어 봐야 최종적으로 자신에게 맞는 상담이론을 가진 전문가가 될 수 있다. 슈퍼비전에서 이런 이야기를 강조하면 상담자들은 필자의 이야기에 동의하면서 어느 상담이론이 좋은지 묻는다. 그 질문에 대한 필자의 대답은 이렇다. "상담이론 책에 나오는 이상행동과 이상심리를 설명하는 이론들 중 상담자의 마음에 드는 것이면 어느 것이나 좋다. 그러나 한번 선택한 이론은 아마추어의 강을 건너 전문가가 될 때까지 바꾸지 말라."

(5) 내담자에게 증상과 문제를 경험하도록 하는 요인이 있다면 이를 억제하고 보호하는 요인도 반드시 있다. 그러니 이 두 요인의 역동적 관계에서 내담자의 문제를 보도록 한다

상담자는 내담자의 문제를 만나면 질문이나 검사를 통해 문제와 관련된 부정적인 요인을 찾아내려고 무던히 애를 쓰는데, 그 이유는 상담자의 머릿속에 내담자의 문제 뒤에는 문제를 일으키는 부정적 요인이 있다는 공식이 들어 있기 때문이다. 따라서 슈퍼비전에서 이런 상담자에게 해당 사례를 개념화해 보라고 하면 그동안 탐색하여 찾아낸 내담자의 문제와 관련된 부정적 요인을 나열하는 데 열중한다. 상담자에게 "과연 그런 부정적인 요인만 있고 긍정적인 요인은 없을까요?"라고 질문하면, 아예 사례보고서 양식에 전반적인 위험요인과 보호요인을 탐색하여 나름대로 체계적인 정리를 한 후 "이번에는 빠뜨린 것 없이 다 해 왔다."는 뿌듯한 표정을 짓는다. 그러나 필자가 긍정적인 요인을 찾아보라고 한 이유는 위험요인과 보호요인을 나란히 두는 얼개를 짜라는 것이 아니라 위험요인과 보호요인의 역동적인 관계에서 살아남으려고 애쓰는 내담자의 모습을 보라는 의미였다.

예를 들어 보자. 인터넷 게임에 푹 빠진 한 내담자(중3, 남)가 상담실을 방문했는데 상담실 문 밖에서 상담하지 않겠다고 어머니와 실랑

이를 벌이며 시끄러웠다. 내담자는 상담자도 어머니와 한편이라고 생각하는지 상담자를 쳐다보는 눈빛이 사나웠다. 우여곡절 끝에 상담을 시작한 지 10분쯤 지나 내담자의 화가 어릴 때 아버지의 학대에서 시작되었고 이제는 굳어져 버린 반응임을 알 수 있었다. 처음에 상담자는 화풀이 대상이 된 것 같아서 다소 불편한 마음이 들었지만 내담자의 그럴 수밖에 없는 이유가 마음속에 그려지기 시작하니 내담자를 이해하게 되면서 한결 분위기가 부드러워졌고, 내담자도 마음의 문을 조금씩 열면서 언어적 반응이 많아졌다. 상담자가 "인터넷 게임이 너의 화를 풀어 주는 친구였구나. 그 오랜 친구 같은 게임을 끊으라고 하니까 오늘 화가 많이 난 것 같은데, 내 말이 맞니?"(상담자의 초기 개념화) 하고 공감 어린 확인적 질문을 했더니 내담자는 그렇다는 반응을 보였다. 이제 상담자에게는 다른 궁금함이 생겼다. "그런데 참 궁금하네. 네가 화가 나면 화를 풀어 주는 좋은 친구인 그 게임을 어째서 더 하지 않고 새벽 세 시쯤에 그만두니? 10시간만 하고 11시간은 하지 않는 이유, 더 하지 않고 절제하는 그 힘은 어디에서 나오는 거니?" 하고 질문하니 내담자는 멍한 표정으로 한 번도 생각해 보지 않았다고 답했다. 그러고는 잠시 골똘히 생각해 보더니 아마도 자신이 남몰래 품고 있는 체육선생님이 되고 싶은 꿈 때문인 것 같다고 말했다. 우리가 여기에서 알 수 있는 것은 내담자의 문제인 게임중독 증상이 게임에 빠지게 하는 '부정적(위험)' 요인—아버지의 학대, 화를 풀어 주는 기능—과 더 이상 빠져들지 않게 하는 '긍정적(보호)' 요인—체육선생님이 되고 싶은 꿈—간의 역동적 상호관계 안에서 나타나고 있다는 것이다.

3) 구성요소

상담자 교육에서 통용될 수 있는 사례개념화 훈련 모형은 상담이론의 수만큼이나 많다. 그러므로 상담현장에 막 입문한 상담자는 자신이 선호하거나 지향하는 상담이론 전문가의 지도하에 지속적으로 수련을 하는 것이 가장 이상적이지만 현실적으로 이는 쉽지 않은 일이다. 특정 이론을 중심으로 하는 상담연구소(예: 인지치료연구소)에서 수련을 받고 그 상담이론의 전문가가 되려고 하는 상담자라면 큰 어려움이 없을 것이다. 그러나 대부분의 상담자는 상담현장에서 상담이론의 배경이 서로 다른 상담자들과 협력하거나 또는 동일한 슈퍼바이저의 지도하에 각자 서로 다른 자신만의 개념화 모형을 발전시켜야 한다. 따라서 이런 상담현장의 현실적인 어려움을 극복할 수 있는 대안적인 방법으로 통합적 사례개념화 모형을 권하고 있다(이명우, 2004).

일반적으로 통합적 모형이라고 하면, 이런저런 이론을 섞어서 혼용한 것으로 오해하는 사람들이 많다. 여기에서 말하는 통합적 모형이란 각 이론의 사례개념화 모형에서 공통적으로 강조하는 요소를 도출하여 상담자가 어느 상담이론을 선택하든 그 상담이론으로 사례를 개념화할 수 있도록 하는 모형을 의미한다. 통합적이란 용어에 대한 일반적인 오해를 불식하고 앞으로 상담자 교육에서 보편적으로 활용할 수 있도록 하기 위해 이 책에서는 통합적 모형을 'ICCM-X(Integrated Case Conceptualization Model-X)'라고 명명하고자 한다.

'ICCM-X'에서는 'ICCM'보다 'X'에 방점이 있다. 상담자는 각 이론의 사례개념화에서 공통적인 요소를 도출하여 만든 통합적 사례개념화 모형 양식에 어떤 상담이론이든 자신이 선호하는 상담이론(X)을 축으로 하여 내담자 문제를 개념화할 수 있다. 여기에서의 핵심은 상담자가 선택한 상담이론이다. 통합적 사례개념화 모형 양식에 동일한 내담자의 문제 관련 정보를 가지고 개념화를 해도 상담자의 이론이 무엇인가에 따라 개념화의 색깔이 확연히 달라지기 때문이다. 내담자가 경험하는 동일한 사건에 대해서 정신역동적 접근을 지향하는 상담자는 무의식적 갈등을, 인지행동적 접근을 지향하는 상담자는 인지의 왜곡을 내담자의 문제경험 이유로 설명할 것이다. 따라서 이 두 상담자가 하는 사례개념화는 무의식적 갈등을 다루거나 또는 인지적 왜곡을 다루는 것으로 차이를 보이며 다르게 이루어질 것이다.

본래 사례발표회나 사례회의는 상담사례에 대한 보다 깊은 이해를 통해 상담서비스를 개선하고 더 좋은 대안을 찾기 위한 취지에서 열리는데, 상담현장에서 개최되는 사례발표회나 사례회의에 참석해 보면 가끔 이러한 본래의 취지를 잊고 지향하는 이론에 따라 참가자 간에 신경전을 벌이는 경우가 있다. 대립하는 사람들의 힘이 대등해 힘겨루기 양상을 보일 때도 있지만, 힘의 차이가 현격해 기울어지는 경우에는 한쪽이 일방적으로 수용하는 것처럼 보이나 실제로는 전혀 수긍하지 않은 채 다른 입장에서 이야기한 전문가의 의견을 그냥 지나쳐 버리거나 때로는 감정싸움으로 비화되기도 한다. 이런 것은 서로 간의 시간 낭비이며 실제 상담에서 문제를 야기하기도 한다. 사례발표회에서 상담자의 감정이 상한 것으로 끝나면 다행이지만 이렇게 상한 감정이 내담자에게로 넘어갈 때가 있다. 상담자가 자신의 혼란과 상한 감정을 소화하지 못한 채 내담자를 대하다 보니 상담의 초점이 흐려져 이전에 비해 상담의 효과가 떨어지기도 하고, 개념화에 대한 상담자의 혼란을 감지한 내담자가 더 이상 상담실에 오지 않는 경우도 생긴다.

그러나 통합적 사례개념화 모형을 활용하면 각 상담이론에서 공통적으로 강조하는 개념화 요소를 공유하되 서로 다른 이론적 접근을 상호 인정하게 되므로 위와 같이 에너지를 소모하는 상황을 최대한 피할 수 있다. 이에 더해 상담자들은 내담자에 대한 객관적 사실 위에 자신의 이론적 배경을 바탕으로 사례를 개념화함으로써 서로 간의 차이를 비교해 보고 전문적인 의견을 교류할 수 있는 기회를 갖게 된다.

그렇다면 어떠한 상담이론에도 적용할 수 있는 사례개념화의 공통적인 요소는 무엇일까? 이명우(2004)는 대표적인 상담이론(예: 정신역동, 인지행동)과 통용되고 있는 사례개념화 양식(예: STIPS)을 분석하여 상담이론과 관계없이 통합적 접근으로 활용할 수 있는 사례개념화의 공통요소를 도출하였는데, 그 공통요소는 호소문제, 촉발요인, 상담자 관점, 상담목표, 상담전략이다. 이를 훈련 모형으로 선택하여 집단 형태(이명우, 2013; 이명우, 박명희, 2015)와 개인형태(이명우, 2011)로 상담자를 훈련한 결과, 사례개념화 능력이 향상된 것을 확인하였다. 이런 결과는 상담자의 개념화 능력은 하루아침에 향상되는 것이 아니라 임상현장에서의 오랜 경험을 통해서만 얻을 수 있다는 주장에 시사하는 바가 크다. 상담경력이 적을수록 상담자들은 당장 눈앞에 있는 내담자에게 구체적인 상담서비스를 제공할 수 있는 대안이나 내담자를 효과적으로 다룰 수 있는 상담기법을 알려 달라고 요청할 때가 많다. 이와 같은 현상이 벌어지는 가장 큰 이유는 상담자가 사례에 대한 개념화를 못하기 때문에 해당 사례를 전체적인 맥락에서 보지 못하고 따라서 구체적인 상담전략을 구상할 수 없기 때문이다. 이런 상담자들에게 자신의 이론적 배경을 가지고 내담자의 문제를 이해하고 구체적인 상담전략을 구상하며 이에 따라 스스로 상담기법을 구사할 수 있는 능력이 생긴다면 얼마나 신나고 즐거울까?

이제부터 통합적 사례개념화 모형에는 어떤 구성요소가 포함되는지 알아보자. 선행연구들을 분석해 보면, 사례개념화 능력을 향상하는 데 효과가 있는 것으로 입증된 이명우(2011)의 구성요소(호소문제, 촉발요인, 상담자 관점, 상담목표, 상담전략)는 통합적 모형으로 널리 받아들여지고 있는 스페리와 스페리(Sperry & Sperry, 2012)의 구성요소와 일맥상통하는 측면이 있다. 스페리와 스페리의 구성요소는 진단적 공식화(호소문제, 촉발요인, 부적응적 패턴), 임상적 공식화(유발요인, 유지요인), 문화적 공식화(문화적 정체성, 문화적응 스트레스, 문화적 설명, 문화 대 성격), 상담개입 공식화(적응적 패턴, 상담목표, 상담초점, 상담전략, 상담개입, 상담의 장애, 문화적 상담, 상담의 예후)로 이루어져 있는데, 이명우의 '상담자 관점' 구성요소에 임상적 공식화(유발요인, 유지요인)와 문화적 공식화(문화적 정체성, 문화적응 스트레스, 문화적 설명, 문화 대 성격)를 모두 고려하여 작성할 수 있기 때문이다. 이명우의 통합적 모형은 기본적인 공통요소를 담고 있어서 서로의 이론적 배경이 다르더라도 그 공통요소를 공유하는 폭이 넓다는 장점이 있는 반면, '상담자의 관점' 구성요소 안에 너무 많은 요소가 포함되어 있어서 상담자의 경력 수준에 따라 반응의 양적·질적 차이가 많이 난다는 단점이 있다. 그래서 이 책에서는 이명우의 통합적 모형의 장점을 살리고 단점을 보완하기 위해 호소문제, 촉발요인, 부적응적 패턴, 상담자 관점, 상담목표, 상담전략, 예상되는 장애라는 7개의 구성요소를 제시하고자 한다.

(1) 호소문제

호소문제는 내담자가 힘들어하는 문제와 증상을 내담자 자신의 입장에서 토로하는 것으로, 대부분 상담과정에서 도움을 받고 싶은 내용이 포함되어 있다. 여러 상담자에게 동일한 내담자의 호소문제를 들려주면, 상담자의 이론적 배경과 상관없이 대부분 비슷하게 호소문제를 정리한다. 단, 내담자의 여러 호소문제 중 주된 호소문제를 정해야 할 경우, 상담자들이 갖고 있는 이론적 관점의 차이에 따라 주호소문제는 다를 수 있다.

상담자 교육과 슈퍼비전을 하다 보면 상담자들이 내담자가 말하는 호소문제를 너무 가볍게 다룬다는 생각이 들 때가 많다. 상담자가 의뢰자(예: 보호자 또는 의뢰 상담자)의 말을 그대로 믿고서 아예 내담자의 호소문제를 탐색하는 과정을 생략하거나, 내담자가 호소한 내용에 상담자의 생각이 너무 많이 들어가는 경우를 종종 본다.

내담자의 호소문제를 언어적 내용과 비언어적 내용으로 나누어 분석해 보면 의외로 호소문제에 대한 내담자의 독특한 시각을 이해할 수 있으며, 이를 통해 내담자의 주된 호소문제 또는 증상을 구체적으로 파악할 수 있다. 예를 들어, 모두 보호자로부터 친구관계를 잘 맺지 못한다고 의뢰된 세 명의 중학교 여학생 내담자가 있다고 하자. 내담자 A는 고개를 숙이고 한 마디도 하지 않고 침묵하고 있으며, 내담자 B는 "성격을 고쳐 친구들과 잘 어울리고 싶어요."라고 말하고, 내담자 C는 어머니 눈치를 살피면서 힘없는 목소리로 "성적도 올리고 친구들과 잘 어울리고 싶어요."라고 이야기한다. 세 내담자 모두 보호자가 말한 호소문제의 언어적 내용은 '친구관계를 잘 맺지 못한다.' 는 것으로 같지만 호소문제에 대한 비언어적 내용을 동시에 고려해 보면 각각 다름을 알 수 있다. 이들 내담자 중 내담자 B가 자신의 문제에 대해 가장 적극적인 자세를 취하고 있고, 내담자 A는 자신의 문제에 대해 가장 소극적이고 반항적인 자세를 취하고 있다. 그리고 내담자 C는 어머니와의 관계에서 자신의 문제를 진술하고 있다.

앞서 말한 바와 같이 상담자는 내담자의 호소문제를 언어적 내용과 비언어적 내용으로 나누어 분석해 보아야 내담자의 시각에서 내담자 문제를 보다 정확하게 이해할 수 있고, 해당 호소문제를 중심 방향점으로 삼아 이후에 나오는 사례개념화 구성요소와 호소문제의 배경을 집중적으로 탐색할 수 있다.

(2) 촉발요인

촉발요인은 내담자의 호소문제를 직접적으로 일으킨 요인이나 이 시점에 문제가 심각해져 상담실을 찾도록 한 요인을 의미한다. 대부분의 상담이론에서 촉발요인은 내담자의 호소문제를 직접적으로 일으킨 스트레스원(예: 최근 부모의 이혼, 신체적 상해, 질병 등)에 해당된다.

상담사례에 따라 촉발요인이 쉽게 드러나는 경우도 있고 쉽게 드러나지 않아 상담자가 추측해야 하는 경우도 있다. 시간적으로는 최근의 일련의 사건에서 찾을 수도 있고 오랜 시간을 거슬러 올라가야 찾을 수 있는 것도 있다. 상담자는 촉발요인을 구체화하는 과정에서 촉발요인이 쉽게 드러나는가 혹은 쉽게 드러나지 않는가, 최근의 사건인가 아니면 오래된 사건인가에 따라 상담에 미치는 영향이 다르다는 것을 알아야 한다. 촉발요인이 쉽게 드러나는 최근의 사건인 경우에는 내담자의 호소문제에 대해 내담자 주변 사람들이 쉽게 공감대를 형성할 수 있지만, 촉발요인이 쉽게 드러나지 않거나 아주 오래된 기억 속에서 찾아지는 경우에는 내담자의 호소문제에 대한 공감대를 형성하는 것이 쉽지 않을 뿐만 아니라 상담의 예후도 안 좋을 수 있다.

슈퍼비전과 사례발표에서 상담자가 내담자 문제의 촉발요인으로 호소문제와 직접적인 관계가 없는 일반적인 선행사건을 나열하는 경우를 볼 수 있다. 상담자는 처음엔 일반적인 선행사건을 탐색하면서 촉발요인을 찾기 시작하더라도 나중에는 해당 호소문제와 직접적으로 관련이 있는 선행사건으로 구체화할 필요가 있다.

이렇게 호소문제와 관련 있는 선행사건을 구체화해 가는 과정에서 호소문제와 촉발요인 간의 관계가 드러나면 해당 촉발요인이 내담자의 호소문제에 미치는 영향력을 확인해 봐야 한다. 만약 촉발요인이 내담자의 호소문제에 큰 영향력을 가진 요인으로 평가되면 그 촉발요인을 신속하게 다루는 데 역점을 두는 위기개입의 상담이 필요하다. 때로는 내담자의 호소문제나 증상이 전적으로 촉발요인 때문에 일어나는 경우도 있다. 담임선생님 모르게 은밀하게 이루어지는 같은 반 학생들의 괴롭힘 때문에 고민이 되어 잠을 못 자고 등굣길에 심한 불안 증세를 보이는 중학교 1학년 여학생의 경우가 이에 해당된다. 이 여학생 내담자의 촉발요인과 증상(또는 호소문제)을 비교해 보면 내담자가 보이는 증상은 다른 심리내적 원인보다는 거의 전적으로 촉발요인 때문인 것으로 판단할 수 있다. 따라서 이 사례에서는 담임선생님의 협조를 받아 촉발요인(예: 괴롭히는 같은 반 학생들)을 다루는 것을 우선으로 해야 한다.

촉발요인에 비해 내담자의 증상과 문제가 지나치게 심하다면 이것은 단순히 촉발요인으로 인한 것이라기보다는 촉발요인과 호소문제 사이에 다양한 다른 요인이 있는 것으로 봐야 하고, 그것을 찾아내어 다루는 데 역점을 두는 상담을 해야 한다. 우리가 상담실에서 만나는 대부분의 사례가 여기에 속한다.

(3) 부적응적 패턴

부적응적 패턴은 내담자가 촉발요인을 접하는 상황이 되면 반복적으로 보이는 유사한 부적응적 반응양식을 의미한다. 자극인 촉발요인(Stimulus: S)과 반응인 호소문제(Response: R)의 관계를 면밀히 분석해 보면 내담자가 반복적으로 취하는 반응행동을 알 수 있다.

이명우(2004)는 내담자 호소문제의 내용을 구체화함으로써 부적응적 패턴을 찾을 수 있다고 언급했지만 부적응적 패턴에 어떤 것들이 있는지는 명확히 밝히지 않았다.

아들러(Alfred Adler)와 호나이(Karen Horney)는 모든 인간의 행동은 사회적 맥락에서의 움직임으로 이해할 수 있는데 그 움직임의 종류에는 다가가기, 물러서기, 대항하기, 또는 혼합(예: 다가가기와 대항하기의 혼합)이 있다고 했다(Sperry & Sperry, 2012). 이 움직임은 호소문제와 촉발요인의 관계 사이에 존재하는 내담자의 반복적인 행동 패턴을 찾아내는 데 유용하다.

스페리와 스페리(2012)는 아들러와 호나이가 제시한 움직임의 종류를 겉으로 드러나는 내담자의 부적응적 패턴을 명료화하는 데 활용하였다. 내담자가 주로 사용하는 부적응적 패턴에는 대항하기(공격 또는 수동공격), 다가가기(의존), 물러서기(회피)가 있으며, 이를 혼용하여 사용하기도 한다. 예를 들어, 한 내담자(중1, 여)의 호소문제(학원에 가서 해야 할 공부는 하지 않고 30분 정도 소리 높여 움)와 촉발요인(어머니가 강제로 학원에 보냄)의 관계를 살펴보면 겉으로 드러나는 부적응적 패턴은 자극(촉발요인)이 주어졌을 때 '물러서기(회피)'와 '다가가기 (의존)'가 아닌 '대항하기(공격 또는 수동공격, 여기에서는 수동공격)'의 패턴임을 알 수 있다.

(4) 상담자 관점

상담자는 내담자의 문제를 설명할 수 있는 주된 관점이 있어야 한다. 다시 말해서, 상담자는 자신이 선택한 상담이론을 통해 내담자의 문제를 설명할 수 있어야 한다. 상담자는 상담이론을 통해 객관적인 사실이나 사건에서 드러나는 내담자 속의 활성화된 마음(예: 인지행동 상담이론에서는 이를 '비합리적 신념'이라고 함)을 가늠할 수 있으며, 내담자를 더 많이 이해하고 내담자가 그 마음에서 벗어날 수 있도록 도와줄 수 있다.

그러나 상담자 관점을 갖고 있어야 한다는 것을 알고 있는 상담자들도 자신의 상담사례에서 상담자 관점을 제시해 보라고 하면 내담자가 지금까지 부적응적 패턴을 형성하는 데에 영향을 미쳤을 객관적인 정보와 단서를 탐색하고 이를 단순 나열하는 것으로 그치곤 한다. 상담자는 "내담자는 왜 지금 이런 문제를 경험하고 있는가? 동일한 사건에 대해 전혀 문제를 보이지 않거나 다르게 반응하는 사람도 있는데 왜 내담자는 이렇게 반응하는가?"라는 질문에 대해 자신의 상담이론으로 설명할 수 있어야 한다.

촉발사건이 있을 때 나타나는 반응, 즉 호소문제(증상)와의 관계를 분석해 보면 내담자가 반복적으로 드러내는 부적응적 패턴(대항하기, 다가가기, 물러서기, 이들의 혼용)이 있다. 내담자가 특정한 상황에서 특정한 부적응적 패턴을 반복적으로 나타낸다면 그 부적응적 패턴은 갑

자기 형성된 것이 아니라 그것을 시작한 시점과 계기가 있을 것이고 (유발요인), 초기에 형성된 부적응적 패턴이 반복적인 경험을 통해 유지되어 왔을 것이다(유지요인). 이때 상담자들이 흔히 범하는 실수는 유지요인을 문제를 일으키고 이를 강화하는 ―(마이너스) 요인으로만 생각한다는 것이다. 상담자는 내담자의 부적응적 패턴이나 현재의 문제가 이를 부추기는 ―(마이너스) 요인과 보호하거나 억제하는 ＋(플러스) 요인 사이에서 역동적으로 나타난다는 사실을 잊어서는 안 된다. 따라서 상담자는 내담자의 이와 같은 부적응적 패턴이 언제 시작되어(시발점), 이를 부추기는 ―(마이너스) 유지요인과 보호하는 ＋(플러스) 유지요인 사이에서 어떻게 유지되어 왔는지에 대한 내담자의 사실적인 역사와 함께 자신이 선택한 이론적 관점에서 내담자의 사실적 역사 너머에 있는 심리적 메커니즘을 설명할 수 있어야 한다.

(5) 상담목표

상담목표는 상담의 방향을 결정짓는 것으로 크게 임상목표와 합의목표로 나눌 수 있다. 임상목표는 상담자가 선택한 상담이론의 관점에서 지향하는 상담의 방향을 뜻한다. 합의목표가 상담자의 능력과 내담자의 준비도를 고려하여 함께 도출하는 것이라면, 임상목표는 상담자의 이론에서 본 상담의 지향점이다. 상담사례들을 살펴보면 합의목표만 제시되어 있고 임상목표는 없는 경우가 많다. 상담자가 제시하는 임상목표가 없으면 각 회기마다 이루어지는 상담활동은 단지 활동의 나열에 불과할 뿐 궁극적으로 무엇을 위한 것인지 알 수 없게 된다. 임상목표가 있으면 그것을 달성하기 위해 각 회기의 상담활동이 이루어지므로 상담활동이 임상목표에 부합하는지 평가할 수 있고, 나아가 자문이나 슈퍼비전, 사례발표에서 전문가 그리고 상담자 간 의사소통의 기준이 되어 상호 전문적인 소통을 촉진할 수 있다.

합의목표는 상담자와 내담자가 서로 합의한, 상담을 통해 기대하는 긍정적인 성과로 구체적이고 측정 가능해야 하며, 내담자의 문제해결에 기여한다. 합의목표는 내담자와 상담자가 공유하며 각 회기마다 내담자의 변화를 함께 모니터링하는 데 유용하다. 각 상담활동을 통해서 일어난 변화는 임상목표와 관련이 있는 상담이론으로 설명할 수 있다.

상담과정을 분석해 보면 상담자가 포괄적인 상담방향만 제시하거나 또는 상담자가 생각하는 상담목표에 내담자도 동의할 거라는 가정하에 상담을 진행하는 경우가 의외로 많다. 이렇게 되면 내담자가 자신의 어려움을 해결하기 위해 어떤 방향으로 어떻게 노력해야 하는지 정확히 모르기 때문에 상담과정에서 상담에 대한 동기가 점점 사라져 중도탈락으로 이어질 가능성이 높다. 따라서 상담자는 상담 초기 또는 상담과정에서 내담자의 문제를 개념화하여 내담자의 호소문제를 해결하기 위해서 어떤 방향성을 갖고 상담을 해야 할지 정하고 내담자와 논의하여 상담목표를 합의하는 것이 매우 중요하다. 만약 의뢰자나 보호자가 있다면 내담자와 논의를 거쳐 의뢰자나 보호자와도 내담자와 합의한 상담목표를 공유하는 것이 좋다. 그 과정에서 각자 상담에 대한 기대가 다르다면 이들 간의 차이를 조정하여 상담자-내담자-의뢰자(보호자)가 공동으로 합의하는 목표를 이끌어 내야 한다. 이는 임상적으로도 중요한 의미를 가진다. 내담자와 보호자가 상담성과에 대한 기대가 서로 달라서 합의가 잘 이루어지지 않을 경우, 상담자는 상담과정을 통해 이들이 서로 간의 기대 차이를 어떻게 다루고 해결하는지 살펴볼 수 있다. 또한 이들은 지금까지 시도해 보지 않은 새로운 방법으로 서로 간의 차이를 조율해 가는 과정에서 한 번도 제대로 풀어 보지 못한 서로 간의 매듭을 푸는 경험을 할 수도 있다. 나아가 최종적으로 합의된 목표는 상담 초기에 상담자와 내담자 간의 치료적 동맹을 굳건히 하는 데 도움이 되며 향후 매 회기마다 내담자의 변화를 모니터링하는 데 평가 지표가 된다.

(6) 상담전략

상담전략은 크게 두 가지로 나눌 수 있는데, 내담자의 부적응적 패턴을 이해하는 전략과 이해한 부적응적 패턴을 변화시키는 전략이다. 부적응적 패턴을 이해하는 전략에는 상담이론과 상관없이 일반적으로 지지나 공감적 이해가 많이 사용되며, 부적응적 패턴을 변화시키는 전략에는 상담이론에 따라 각 이론에서 언급하는 제반 변화의 기술들이 포함된다.

상담전략은 내담자의 문제와 특성, 상담목표를 고려해서 내담자 개개인에 맞게 개별화된 내용으로 구성해야 한다. 또한 실효성 있는 상담전략을 짜기 위해서는 상담자 자신과 내담자의 능력을 동시에 고려해야 한다. 내담자를 돕기 위해 세운 상담전략이 아무리 좋더라도 그것이 상담자의 능력을 벗어난 것이거나 내담자가 준비되어 있지 않아 현시점에서 실천할 수 없는 것이라면, 전략의 실효성이 현저히 떨어질 뿐만 아니라 오히려 내담자에게 "나는 안 되는 사람이야. 뭐 하나 제대로 하지도 못하고 어떻게 해도 안 되는 골칫 덩어리야."라는 생각을 갖게 해 마음의 상처를 줄 수도 있다. 따라서 상담자는 우선 자신의 능력 범위 안에서 내담자의 상담목표를 달성하는 데 도움이 되는 상담전략을 구상해야 하고, 이렇게 구상한 상담전략들이 내담자와 내담자의 문제 특성에 비춰 보아 현실적으로 실천 가능한지 검토해야 한다.

이런 모든 것을 검토하여 상담자가 세운 상담전략을 바탕으로 상담의 초기단계, 중기단계, 종결단계에 실행하는 구체적인 임상활동을 상담개입이라고 한다. 상담현장에서는 상담자의 상담개입이 임상목표-합의목표와 별개로 수립되어 진행되는 경우가 많은데, 상담자는 지금까지 구상한 임상목표와 합의목표에 맞는 임상활동이 포함된 상담개입을 수립해야 한다.

(7) 예상되는 장애

예상되는 장애란 내담자가 일상생활에서 보이던 부적응적 패턴을 상담 장면에서 나타내거나 혹은 종결시점에서 퇴행하는 것을 의미한다. 사례개념화는 상담 초기에 내담자의 문제에 대한 배경을 이해하고 이를 해결하기 위한 상담목표와 상담전략을 수립하여 상담의 효과를 높이기 위해 하는 것이다. 그러나 상담자들이 상담 초기에 두루뭉술한 개념화를 하고는 상담이 진행됨에 따라 구체적으로 수정·보완하지 않기 때문에 사례개념화가 구체적인 진행이 이루어지는 상담실제와 연결되지 않고 동떨어지는 경우가 많다. 따라서 상담자는 상담실제와 연결될 수 있도록 사례개념화를 구체적으로 구상하는 것이 무엇보다 중요하다. 구체적인 사례개념화는 상담자가 상담과정에서 만날 수 있는 장애를 예상하여 대처할 수 있도록 안내해 준다.

2. 통합적 사례개념화 모형의 실례

1) 상담사례[1] 소개

(1) 내담자의 인적사항
여, 중학교 3학년(16세)

(2) 상담 의뢰 경위
최근에 같은 반 남자아이인 A의 엉덩이를 연달아 걷어차면서 욕을 하고 화를 냈는데 그 이유를 말하지 않고 버텨서 담임선생님이 상담실에 의뢰함.

(3) 행동관찰
보통의 키에 약간 뚱뚱한 체형. 상담시간 10분 전에 상담실에 미리 옴. 상담을 시작하기 전에는 바르게 행동하려고 애쓰지만 표정이 밝지 않고 때로는 다소 불만이 있는 듯함. 상담을 시작하자 상담하는 것에 대해 기분이 나빠 보였음. 엄마와 함께 있을 때는 엄마와 눈을 마주치지 않고 외면한 채 이야기를 듣고, 엄마가 하는 말이 못마땅하면 찌푸린 얼굴로 퉁명스럽게 반박함.

---

1) 이 상담사례는 상담현장에 있는 상담자들에게 사례개념화의 실례를 보여 주기 위한 목적으로 필자의 상담 및 슈퍼비전 경험을 바탕으로 하여 5년 내외의 상담실무 경력이 있는 상담자들이 현실적으로 진행하는 상담을 가상으로 구성한 사례임.

(4) 호소문제

① 의뢰자(담임선생님): 공부에 흥미가 없고 그렇다고 잘 노는 아이들 그룹에 들어가 있지도 않다. 평소 말이 별로 없어 무슨 생각을 하는지 알기 어렵고 조용히 지내다가 욱하면 욕을 하기도 하고 감정기복을 보인다. 친구에게 폭력을 가하고 그 이유를 말하지 않는다. 지난해 담임선생님에게 물어보니 작년에도 같은 반 여자애에게 심한 욕설을 하여 문제가 됐다고 한다.

② 내담자: 속이 답답하고 내 속을 알아주는 사람이 아무도 없다. 학교 다니는 게 재미없다. 나도 내 기분이 왔다 갔다 해서 잘 모르겠다. 뭘 하고 싶은 마음도 없다. 고등학교는 졸업하고 싶다.

③ 어머니: 공부에 흥미가 없고 집에 오면 컴퓨터만 들여다본다. 가족과 이야기를 하지 않는다.

(5) 가족관계

① 아버지: 48세, 전문대졸. 자영업. 내담자가 어릴 때는 경제사정이 안정적이었고 아이들을 데리고 가끔 놀이동산도 가곤 했다. 내담자가 초등학교 4학년 때, 보증을 잘못 서는 바람에 경제적으로 어려워지면서 부부싸움이 잦아졌다. 아빠는 술을 마시고 늦게 오는 날이면 내담자에게 공부도 못하면서 컴퓨터만 들여다본다고 잔소리를 해대고, 평소에는 내담자에게 별로 관심을 보이지 않고 살갑게 대하지도 않는다. 평소엔 엄마의 잔소리를 묵묵히 들으며 참고 있다가 화가 나면 큰 소리로 엄마를 윽박지르거나 물건을 집어던지기도 한다.

② 어머니: 43세, 고졸. 경제적으로 어려워지면서 인건비를 줄이기

위해 내담자가 중학교에 입학하면서부터 엄마가 아빠 가게에 나가 일을 하고 있고 내담자와 집에서 마주하는 시간이 거의 없다. 초등학교 때는 곧잘 공부를 하던 내담자가 중학교에 진학하면서 점점 공부를 등한시하고 성적이 떨어지자 실망했으며, 부부싸움 중 아빠가 큰 소리로 화를 내고 나면 내담자에게 상처가 되는 말을 자주 한다("넌 이걸 성적이라고 받아 왔니? 앞집 개가 시험을 봤어도 이것보다는 잘 봤겠다." "도대체 커서 뭐가 되려고 그러니." "그렇게 먹는 것처럼 공부를 해 봐라. 살만 쪄 가지고." "고등학교를 갈 수는 있을까." "공부를 제대로 못하면 집안일이라도 잘 해 놓든가. 하나도 쓸모가 없네.").

③ 남동생: 13세, 초등학교 6학년. 체구가 또래들보다 좀 작고 귀여운 편이며, 명랑하고 공부를 좀 하는 편이다. 엄마는 남동생을 예뻐하고 엄마와 밀착관계를 보인다. 남동생은 자기가 필요할 때는 내담자에게 도움을 요청하지만 누나랑 그렇게 친한 편도 아니다. 내담자의 말을 안 듣거나 약을 올리면 내담자가 한 대씩 쥐어박기도 한다.

(6) 사례이해

초등학교 5학년 때 왕따 경험이 있으며, 중학교 1학년 때는 자기가 하지도 않은 일로 오해를 받았고, 2학년 때는 외모로 놀림을 받은 경험이 있어 이로 인해 대인관계의 어려움이 있고 현재 마음을 나눌 친구가 없음. 의사소통이나 자기관리의 전반적인 기술 및 문제해결 능력이 낮은 것으로 파악됨. 요즘은 어려워진 경제적 형편과 부진한 학업 성취로 자존감이 낮아져서 주위 사람의 반응에 예민한 상태임. 다른 사람들에게 좋은 모습을 보이고 싶어 하지만 자신의 그대로의 모습을 드러내지 못하고 친밀한 관계를 형성하는 데 어려움이 있음. 또한 내재된 억울한 마음이나 인정받고 싶은 욕구가 높아 주위의 사소한 비난이나 비판에도 쉽게 적개심을 느끼고 이런 불만감을 꾹 누르고 있다가 갑자기 폭력으로 표출하기도 함.

(7) 상담목표

① 상담자의 목표
- 의사소통(자기표현) 기술 및 관계의 기술을 증진시킨다.
- 자신의 장점을 통해 자존감 및 자신감을 상승시킨다.
- 부정적인 감정과 관련 있는 비합리적 신념을 수정시킨다.

② 어머니의 목표
- 아이가 자신의 욕구나 감정을 말로 표현했으면 좋겠다.
- 컴퓨터를 들여다보는 시간을 줄이고 공부에 좀 더 신경 썼으면 좋겠다.

③ 내담자의 목표
- 내가 하고 싶은 것이 무엇인지 찾고 친구들과 잘 지내기
- 집에서 인정받기

(8) 상담전략
- 과거 부정적인 경험과 관련된 비합리적 신념 수정하기

- 자신의 감정을 이해하고 수용하기
- 친한 친구관계 만들기
- 힘든 상황에서 대처방안 모색하기
- 부모의 정서적인 지지를 충분히 받기
- 컴퓨터 접속시간 줄이기

(9) 세부 상담내용

회기	상담대상	상담내용	비고
1회	내담자	• 라포형성 • 상담구조화(시간, 횟수, 비밀유지) • 주호소문제 파악 - 친구를 왜 걷어찼어? : 같은 반 남자애가 쉬는 시간에 내가 살쪘다고 자꾸 놀리잖아요. 참고 참다가 욕 몇 마디 하고 걷어찬 거예요. - 친구들과는 잘 지내니? : 친한 친구는 없어요. - 1학년, 2학년 때는 어땠어? : 1학년 때는 아이들이랑 그럭저럭 지냈는데 학년말에 내가 애들 뒷담화했다는 소문이 돌아서 좀 힘들었어요. - 그랬구나. 그때는 어떻게 했어? : 혼자 고민하다가 집에 있을 때 큰 소리로 욕했어요. 2학년 때는 내가 뚱뚱하다고 여자애들이 수군대고 기분 나쁘게 해서 대놓고 한바탕 욕을 했어요. - 하루 중 무엇을 할 때 가장 편하고 좋아? : 집에 가서 컴퓨터를 켜고 좋아하는 오빠들(가수)의 팬클럽 사이트에 접속할 때요. 중학교 2학년 때부터 살이 찌기 시작했는데 아이들이 놀려서 같이 놀고 싶지도 않고, 그때 이 오빠들이 데뷔를 했는데 너무 좋아서 처음으로 팬클럽에 가입하고 거기에 올라온 동영상도 보고 같은 팬들끼리 대화하는 것이 너무 재미있어요.	

	어머니	- 작년(중학교 2학년)부터 부쩍 컴퓨터를 끼고 살아요. 무슨 가수 팬클럽 활동을 한다고 하면서요. - 초등학교 5학년 때 아이가 갑자기 말이 없어지고 우울해해서 사춘기가 시작돼서 그러나 했는데 왕따를 당했더라고요. 우리 아이 휴대폰은 2G폰이었는데 친한 아이들이 모두 스마트폰으로 바꾸면서 따돌림당했대요.	
2회	내담자	- 중학교에 진학하고는 학교생활이 어땠어? : 잘 지냈어요. 애들이랑도 그런대로 친하게 지내고. 그런데 1학년 2학기 끝나갈 때 누가 내 번호로 자꾸 아이들한테 욕설문자를 보내는 바람에 아이들한테 오해받았어요. - 저런, 많이 곤란했겠네. 그래서 어떻게 해결했어? : 누군지 밝혀내지도 못하고 답답했어요. 그러다 방학하면서 흐지부지됐는데 그때 스트레스받아서 엄청 먹었어요. 엄마는 몰라요. - 동생이랑은 잘 지내니? : 그냥 그래요. 별로 친하진 않은데 필요할 때면 저한테 해달라고 해요. 엄마는 동생만 예뻐하는 것 같아요. 평소엔 봐 주다가 저를 약올리거나 화가 나면 욕을 한바탕 퍼붓거나 한 대 쥐어박아요. - 그럼 동생은 어때? : 그럼 나를 조금 무서워하는 것 같기도 해요. 말도 잘 듣고요. • SCT, MMPI, HTP 같은 심리검사를 권했으나 시험 보는 것 같다고 거부함.	30분
	어머니	• 내담자가 초등학교 4학년 때 남편이 친구 보증을 섰다가 잘못되는 바람에 하던 가게도 줄이고 집도 줄였음. 그때부터 경제적으로 어려워지고 부부간에 갈등이 심해져 이혼을 하네 마네 하고 많이 싸움. • 아이가 중학교 1학년 때부터 인건비를 줄이려고 남편 가게에 나가서 일함. 아이가 1학년 때까지는 곧잘 공부를 했는데, 그때부터 신경을 못 써 줘서 그런지 점점 성적이 떨어지고 공부에 흥미를 잃은 것 같음. 컴퓨터 들여다보는 시간을 좀 줄였으면 좋겠음.	

6회	내담자	- 잘 지냈니? : 수련회 다녀왔어요. 재미있었어요. 대놓고 나랑 같은 방하기 싫다는 애가 있었는데, 욕을 해 줄까 하다가 무시했어요. 같은 방에 배정된 다른 애들이랑은 그런대로 잘 지냈어요. 조금 친해진 것도 같아요. 다다음 주가 시험인데 조금 걱정돼요. - 그럼 시험공부 계획을 같이 세워 볼까? : 네, 좋아요. • 시험공부 계획표를 짜는 데 진지하게 임함. - 요즘엔 얼마나 컴퓨터를 하니? : 그렇게 많이 안 해요. 하루에 세 네 시간 정도. - 세 네 시간…… 그게 많이 안 하는 거야? : 그럼요. 사이트 돌아보고 동영상 두어 개 보면 그 시간 금방이에요. 더 보고 싶은 걸 참고 끄는데요. 전에는 학교 갔다 와서 자기 전까지 계속 봤어요.	
7회	내담자	- 시험공부는 계획대로 잘 되니? : 하려고 하긴 하는데요. 잘 안 돼요. 그래도 책상에 앉아 있는 내가 대견해요. 그런데 주말에 엄마랑 좀 다퉜어요. - 무슨 이유로? : 요즘엔 평일에 전보다 컴퓨터 많이 안 보잖아요. 그래서 주말에 좀 오래 봤거든요. 요번에 올라온 동영상이 많았어요. 그랬더니 엄마가 또 하루 종일 컴퓨터만 한다고 잔소리를 해서……. • 담임선생님과의 통화: 학교에서 조금 밝아졌음. 수련회 다녀온 이후에 반 아이들과 잘 지내고 있고, 같은 방을 썼던 친구들과 친하게 지냄.	
12회	내담자	• 기말고사가 끝나고 옴. 중간고사 때처럼 시험계획을 세웠고 그대로 하려고 노력했다고 함. 그 결과 사회, 기술가정 같은 과목은 성적이 올랐다고 기쁜 얼굴로 이야기함. - 공부를 다시 열심히 해 보려는 자세가 참 보기 좋구나. : 오빠들(좋아하는 가수)이 그랬거든요. 학교 다닐 땐 공부를 해야 한대요. 공부 열심히 하고 예의 바른 팬들이 좋대요. • 고등학교 진학에 대한 걱정을 이야기하고 Holland 진로탐색검사를 실시함.	종결

| 13회 | 내담자 | • Holland 진로탐색검사 결과를 살펴보고 진로에 대해 논의함. 예술형이 높게 나옴. 내담자도 패션 디자인에 관심이 많다고 함. 일반고에 간 후 대학의 관련학과로 진학하는 방법과 패션분야 특성화고로 진학하는 방법을 알려 줌. | 추수 상담 |

2) 상담사례 분석

(1) 사례개념화 분석

① 호소문제

호소문제는 내담자가 내담자의 관점에서 상담자에게 자신의 어려움을 호소한 것이다. 상담자는 내담자의 호소문제를 통해서 내담자의 경험세계를 이해하고 평상시 내담자가 자신의 경험세계에서 어떻게 대응하고 반응하는지를 간접적으로 알 수 있다. 또한 상담자는 호소문제를 통해서 내담자의 변화하고자 하는 마음의 준비가 어느 정도 되어 있는지 가늠해 볼 수도 있다.

어느 정도 힘이 있는 내담자는 자신의 어려움을 언어로 구체적으로 표현하는데, 상담자는 상담과정에서 내담자의 행동 관찰을 통해서도 내담자가 표현한 호소문제를 확인할 수 있다. 예를 들어, 대인관계의 어려움을 호소하는 내담자는 상담자와의 관계에서도 불안함과 긴장된 모습을 보이거나 상담자가 묻는 질문에 소극적으로 답을 한다. 반면, 힘이 없거나 비자발적으로 온 내담자는 구체적인 언어로 자신의 문제를 표현하기보다는 애매한 말로 자신의 어려움을 호소하거나 아예 말이 아닌 행동과 증상으로 상담과정에서 호소문제를 드러낸다.

1. 내담자의 인적사항

여, 중학교 3학년(16세)

2. 상담 의뢰 경위

같은 반 남자아이인 A의 엉덩이를 연달아 걷어차면서 욕을 하고 화를 냈는데 그 이유를 말하지 않고 버텨서 담임선생님이 상담실에 의뢰함.

3. 행동관찰

보통의 키에 약간 뚱뚱한 체형. 상담시간 10분 전에 상담실에 미리 옴. 상담을 시작하기 전에는 바르게 행동하려고 애쓰지만 표정이 밝지 않고 때로는 다소 불만이 있는 듯함. 상담을 시작하자 상담하는 것에 대해 기분이 나빠 보였음. 엄마와 함께 있을 때는 엄마와 눈을 마주치지 않고 외면한 채 이야기를 듣고, 엄마가 하는 말이 못마땅하면 찌푸린 얼굴로 퉁명스럽게 반박함.

4. 호소문제

1) 의뢰자(담임선생님): 공부에 흥미가 없고 그렇다고 잘 노는 아이들 그룹에 들어가 있지도 않다. 평소 말이 별로 없어 무슨 생각을 하는지 알기 어렵고 조용히 지내다가 욱하면 욕을 하기도 하고 감정기복을 보인다. 친구에게 폭력을 가하고 그 이유를 말하지 않는다. 지난해 담임선생님에게 물어보니 작년에도 같은 반 여자애에게 심한 욕설을 하여 문제가 됐다고 한다.

2) 내담자: 속이 답답하고 내 속을 알아주는 사람이 아무도 없다. 학교 다니는 게 재미없다. 나도 내 기분이 왔다 갔다 해서 잘 모르겠다. 뭘 하고 싶은 마음도 없다. 고등학교는 졸업하고 싶다.

3) 어머니: 공부에 흥미가 없고 집에 오면 컴퓨터만 들여다본다. 가족과 이야기를 하지 않는다.

상담 의뢰 경위를 보면, 내담자의 자발적인 내방이 아닌 학교에서 같은 반 남자아이의 엉덩이를 걷어찬 사건으로 의뢰된 사례다. 행동 관찰 내용 중 '엄마와 함께 있을 때는 엄마와 눈을 마주치지 않고 외면한 채 이야기를 듣고, 엄마가 하는 말이 못마땅하면 찌푸린 얼굴로 퉁명스럽게 반박함'에서 보면 엄마와 딸의 관계가 원만하지 않으며 서로의 생각이 다름을 알 수 있다. 이 사례에서 상담자는 내담자의 호소문제를 '의뢰자(담임선생님)' '내담자' '어머니'로 구별하여 제시하고 있는데 이 점을 주목할 필요가 있다. 상담자가 청소년 내담자를 상담하는 경우에는 청소년 내담자의 호소내용뿐만 아니라 의뢰자 또는 보호자가 내담자에 관해 무엇을 호소하는지에도 주의를 기울여야 하며, 특히 서로의 호소내용에 차이가 있다면 이를 어떻게 조정할 것인지 고민해야 한다. 이 사례에서 호소문제를 의뢰자, 내담자, 어머니로 각각 구별하여 기술한 것으로 보아 상담자가 이 부분에 많은 고민을 한 것으로 보인다. 상담자의 이런 고민의 결과는 대개 '상담목표'에 먼저 반영되어 나타나는 경우가 많으므로 이제 상담목표를 살펴보자.

7. 상담목표

1) 상담자의 목표[2]

- 의사소통(자기표현) 기술 및 관계의 기술을 증진시킨다.
- 자신의 장점을 통해 자존감 및 자신감을 상승시킨다.
- 부정적인 감정과 관련 있는 비합리적 신념을 수정시킨다.

2) 어머니의 목표

- 아이가 자신의 욕구나 감정을 말로 표현했으면 좋겠다.
- 컴퓨터를 들여다보는 시간을 줄이고 공부에 좀 더 신경 썼으면 좋겠다.

3) 내담자의 목표

- 내가 하고 싶은 것이 무엇인지 찾고 친구들과 잘 지내기
- 집에서 인정받기[3]

상담자가 특별히 구별하여 기술한 '의뢰자' '내담자' '어머니'의 호소문제가 어떻게, 얼마나 상담목표에 반영되었는지 살펴보면, 외견상 의뢰자의 호소문제가 제외된 듯 보여 그것이 상담목표에 적절히 반영되어 다루어졌는지 의문이 제기된다. 그러나 의뢰자, 내담자, 어머니의 호소문제가 상담목표에 직접적으로 반영된 여부를 분석해 보면(〈표 2-1〉 참조) 오히려 내담자의 호소문제보다 의뢰자와 어머니의 호소문제가 상담목표에 더 많이 반영되었음을 알 수 있다. 내담자의

---

2) 상담자의 목표는 내담자의 호소문제를 직접적으로 반영하는 것이 아님(〈표 2-1〉 참조).

3) 내담자의 목표 중 '집에서 인정받기'는 내담자의 호소문제를 직접적으로 반영한 것이 아님(〈표 2-1〉 참조).

<표 2-1> 호소문제 분석

호소자	호소문제	
	공통점	차이점
의뢰자 (담임 선생님)	어머니와 공통된 호소문제: 공부에 흥미가 없음* 어머니와 공통된 호소문제: 평소 말이 별로 없어 무슨 생각을 하는지 알기 어려움 어머니 상담목표에 반영된 호소문제: 아이가 자신의 욕구나 감정을 말로 표현했으면 좋겠다 내담자와 공통된 호소문제: 조용히 지내다가 욱하면 욕을 하기도 하고 감정기복을 보임. 내담자 상담목표에 반영된 호소문제: 친구들과 잘 지내기	잘 노는 아이들 그룹에 들어가 있지도 않음. 내담자 상담목표에 반영된 호소문제: 친구들과 잘 지내기 친구에게 폭력을 가하고 그 이유를 말하지 않음.
내담자	의뢰자와 공통된 호소문제: 나도 내 기분이 왔다 갔다 해서 잘 모르겠다.*	속이 답답함.* 내 속을 알아주는 사람이 아무도 없다.* 내담자 상담목표에 반영된 호소문제: 친구들과 잘 지내기 학교 다니는 게 재미없다.* 뭘 하고 싶은 마음도 없다. 내담자 상담목표에 반영된 호소문제: 내가 하고 싶은 것이 무엇인지 찾음. 고등학교는 졸업하고 싶다.*

*부분은 해당 호소문제가 어머니 또는 내담자의 목표에 직접적으로 반영되어 있지 않은 경우를 의미함.

	의뢰자와 공통된 호소문제: 공부에 흥미가 없음. *	
어머니	의뢰자와 공통된 호소문제: 가족과 이야기를 하지 않는다. 어머니 상담목표에 반영된 호소문제: 아이가 자신의 욕구나 감정을 말 로 표현했으면 좋겠다.	집에 오면 컴퓨터만 들여다본다. 어머니 상담목표에 반영된 호소문제: 컴퓨터 들여다보는 시간을 줄이고 공부에 좀 더 신경 썼으면 좋겠다.

* 부분은 해당 호소문제가 어머니 또는 내담자의 목표에 직접적으로 반영되어 있지
않은 경우를 의미함.

호소문제는 상담자의 목표에 포괄적으로 반영된 것으로 볼 수도 있
다. 상담자의 목표인 '의사소통(자기표현) 기술 및 관계의 기술을 증
진시킨다.'에 내담자가 호소한 '속이 답답함.'과 '내 속을 알아주는
사람이 아무도 없다.'가 반영된 것으로 볼 수 있다.

정리해 보자면, 상담자는 상담의 방향에 의뢰자(담임선생님)와 보호
자(어머니)의 호소문제는 적극적으로 반영한 반면 내담자의 호소문제
는 다소 소극적으로 반영하였다는 것을 알 수 있다. 상담자가 내담자
와 의뢰자, 보호자 간의 차이를 충분히 조정하여 이를 내담자와 합의
했다면 상담의 방향에 의뢰자와 보호자의 호소문제를 좀 더 반영하더
라도 큰 문제가 되지 않지만 이 사례보고서에서는 그러한 사실을 확
인할 수 없다.

ICCM-X 모형에 대한 설명에서 제시한 바와 같이 내담자의 호소문
제를 구체화하는 것이 매우 중요한데, 이는 내담자의 호소문제가 내
담자와 합의하는 상담목표와 연결되기 때문이다. 이명우(2004)에 의
하면 상담자는 '가장 먼저 나온 것' '가장 중요하게 생각하는 것' '가
장 관심이 있는 것' '가장 시급한 것' '가장 힘든 것' 'DSM 진단기

준'으로 호소문제를 구체화할 수 있다. 상담자는 상담과정에서 고정된 하나의 방법으로만 호소문제를 구체화하기보다는 내담자가 문제를 진술하는 형태나 상황에 따라 어떤 때는 먼저 호소하는 것을, 어떤 때는 여러 호소문제 중 중요하다고 생각하는 것을, 어떤 때는 특별히 관심이 가거나 제일 시급한 것을, 어떤 때는 가장 힘들어하는 것을 중심으로 호소문제를 명료화한다. 특별히 내담자가 뚜렷한 임상적 증상을 보이는 경우라면 DSM의 해당 증상을 기준으로 호소문제를 구체화한다.

그렇다면 이 사례에서는 내담자(여, 중3)의 주된 호소문제를 무엇으로 할 것인가? 〈표 2-1〉에서 살펴본 바와 같이 의뢰자, 내담자, 어머니가 각각 호소문제를 달리 표현하고 있으므로 첫 상담회기에서는 이를 충분히 다룰 필요가 있다. 그러나 여기에서 이루어지는 슈퍼비전 형태는 면대면 슈퍼비전이 아닌 지상 슈퍼비전이기 때문에 상담자가 의뢰자, 내담자, 어머니가 각각 다르게 호소한 상황을 어떻게 다루었는지 알 수 없다. 하지만 〈표 2-2〉에 제시되어 있는 '상담자의 목표'와 '상담전략'을 살펴보면, '관계의 기술 증진(상담자의 목표)'과 '친한 친구관계 만들기(상담전략)'가 표현은 다르지만 같은 내용을 담고 있고, 또한 상담자가 실제 상담과정에서 이것을 비중 있게 다룬 것으로 보아(예: 1회기와 2회기) 상담자는 친구관계의 어려움을 주된 호소문제로 보고 있음을 알 수 있다.

이제 상담자는 담임선생님이 의뢰한 내담자의 호소문제를 '대인관계의 어려움'으로 잡고 이를 구체화해야 한다. 상담자가 내담자에게 '대인관계의 어려움'에 대해 탐색해 보면, 예상컨대 내담자는 다음과 같이 말했을 가능성이 높다. "학교에서나 학교 끝나고 같이 이야기할

〈표 2-2〉 상담자의 목표와 상담전략

---

7. 상담목표

1) 상담자의 목표

- 의사소통(자기표현) 기술 및 관계의 기술을 증진시킨다.
- 자신의 장점을 통해 자존감 및 자신감을 상승시킨다.
- 부정적인 감정과 관련 있는 비합리적 신념을 수정시킨다.

8. 상담전략

- 과거 부정적인 경험과 관련된 비합리적 신념 수정하기
- 자신의 감정을 이해하고 수용하기
- 친한 친구관계 만들기
- 힘든 상황에서 대처방안 모색하기
- 부모의 정서적인 지지를 충분히 받기
- 컴퓨터 접속시간 줄이기

친구가 없어요. 말하지 않아도 내 답답한 속을 알아주는 친구가 있으면 좋겠다는 생각이 많이 들어요. 학교를 다니긴 다녀야겠는데 공부도 재미없고 친구도 없고…… 학교 다니는 게 영 재미없어요. 마음을 나눌 수 있는 친구가 있으면 학교 다니는 것도 좀 편안하고 좋을 것 같아요."[4] 따라서 '대인관계의 어려움'이라는 내담자의 호소문제를 정리해 보면 내담자가 언어적으로는 "학교에서나 학교 끝나고 같이

---

4) 특히 이 사례의 경우 의뢰자와 어머니의 호소문제가 다소 차이가 있으므로 상담자는 위의 호소문제를 구체화하고 난 후, 내담자의 준비도 그리고 의뢰자와 어머니의 호소문제를 고려하여 필요하면 내담자의 호소문제를 조정할 필요가 있다. 그러나 이 사례는 지상 슈퍼비전이라는 한계가 있으므로 위의 구체화된 호소문제를 의뢰자와 어머니가 동의하여 최종적으로 선정한 호소문제로 상정한다.

이야기할 친구가 없어요. 말하지 않아도 내 답답한 속을 알아주는 친구가 있으면 좋겠다는 생각이 많이 들어요. 학교를 다니긴 다녀야겠는데, 공부도 재미없고 친구도 없고…… 학교 다니는 게 영 재미없어요. 마음을 나눌 수 있는 친구가 있으면 학교 다니는 것도 좀 편안하고 좋을 것 같아요."라고 표현하지만 행동으로는 'A의 엉덩이를 연달아 걸어차면서 욕을 하고 화를 냈으며, 그 이유를 말하지 않고 버티는' 것으로 표현한다는 것을 알 수 있다.

② 촉발요인

촉발요인은 내담자가 호소문제를 경험하도록 하는 최근의 스트레스원을 의미한다(이명우, 2004). 호소문제를 대인관계의 어려움으로 선정하고 구체화한 후엔 이에 대한 촉발요인을 구체화해야 한다. 상담자는 상담과정에서 "요즘 그런 대인관계의 어려움을 겪고 있었구나. 그럼 최근에 그런 어려움을 겪게 한 무슨 일이 있었니?"라는 질문으로 촉발요인을 탐색할 필요가 있다. 상담자가 공감 어린 질문을 하면 내담자는 상담에 오게 된 사건에 대한 이야기를 할 것이다. "A가 며칠 동안 계속 쉬는 시간마다 내가 살쪘다고 자꾸 놀렸거든요. 참고 참다가 욕 몇 마디 하면서 엉덩이를 걸어찼는데 그게 걸려서 결국 저만 담임선생님한테 문제아로 찍혔어요."[5]라고 토로할 것이다.

---

5) 상담과정에서 호소문제를 선정하여 구체화하면 그다음은 촉발요인을 구체화하는 단계다. 촉발요인을 구체화하는 단계도 내담자와의 관계 속에서 역동적으로 이루어진다. 그러나 이 책에서는 지상 슈퍼비전의 형태라는 한계 때문에 위의 촉발요인을 최종적으로 선정된 촉발요인으로 상정한다.

③ 부적응적 패턴

이제까지 실제 상담장면에서 내담자와 대면하고 있다고 가정하고 내담자의 호소문제와 촉발요인을 각각 탐색해 보았다. 지금부터는 내담자의 부적응적 패턴을 살펴보고자 한다. 자극인 촉발요인과 반응인 호소문제의 관계를 면밀히 분석해 보면 내담자가 반복적으로 취하는 반응행동, 즉 부적응적 패턴을 알 수 있다. 내담자의 촉발요인과 호소문제는 'A가 며칠 동안 계속 쉬는 시간마다 살쪘다고 자꾸 놀려서 (S: 자극)' '참다가 엉덩이를 걷어차고 욕을 한(R: 반응)' 것으로 정리할 수 있다. 이 두 요소의 관계를 분석해 보면 내담자가 비슷한 상황에 놓일 때 공격적으로 반응할 가능성이 높다는 것을 알 수 있다. 그 가능성은 내담자에게 "최근에 A 말고 다른 친구들도 그렇게 놀린 적이 있니? 그럼 그때도 이번처럼 행동했어?"라고 내담자를 공감해 주는 질문을 함으로써 확인할 수 있다.

아마도 이 내담자는 탐색과정에서도 비슷한 반응을 보였을 것이다. 다만 상대방이 자신보다 힘이 센 경우라면 겉으로 드러내기보다는 소극적 또는 수동적으로 공격적인 반응을 보일 것이다. '엄마와 함께 있을 때는 엄마와 눈을 마주치지 않고 외면한 채 이야기를 듣고, 엄마가 하는 말이 못마땅하면 찌푸린 얼굴로 퉁명스럽게 반박함.'이라는 상담자의 행동관찰 보고에서도 소극적으로 공격적인 반응을 보이는 내담자의 모습을 볼 수 있다.

정리하자면, 이 내담자는 참기 어려워지는 상황이 생겼을 때 그 원인 제공자와 상황을 조정하지 못하고 불쑥 공격적으로 반응하거나 원인 제공자가 함부로 대하지 못할 상대라면 소극적이거나 수동적으로 공격하는 부적응적 패턴 반응을 보일 가능성이 높다. 이는 유력한 가설이므로 상담자는 상담과정에서 내담자의 행동을 유심히 관찰하거나 필요하다면 탐색적인 질문을 통해 이 가설이 맞는지 확인해야 한다. 앞서의 호소문제와 촉발요인과 마찬가지로 부적응적 패턴 또한 면대면 슈퍼비전이 아니므로 이 가설을 내담자를 관찰하고 탐색적 질문을 한 결과 확인된 가설로 상정한다.

이런 전제하에서 '상담시간 10분 전에 접수실에 미리 옴. 상담을 시작하기 전에는 바르게 행동하려고 애쓰지만 표정이 밝지 않고 때로는 다소 불만이 있는 듯함.' 이라는 행동관찰 내용은 상당한 의미가 있다. 상담실에 자발적으로 온 것도 아니고 또 원치 않는 자극(예: 담임교사의 상담 제안)에 공격적인 반응을 보이는 데 익숙한 내담자가 상담시간 10분 전에 미리 도착하고 상담을 시작하기 전에 바르게 행동하려고 애쓰는 모습은 매우 대조적이다. 상담자는 내담자의 전형적인 부적응적 패턴을 찾고 난 후 상담과정에서 부적응적 패턴과 대비되는 행동적 반응을 발견할 수 있는데, 이러한 행동적 반응은 내담자 속에 숨어 있는 마음을 파악하는 데 도움이 된다. 이 내담자의 경우 같은 반 남자아이의 엉덩이를 걷어차는 바람에 갑작스레 원치 않는 상담에 오게 되었다. 그렇다면 익숙한 방식인 공격적인 반응(예: 늦게 오거나 묻는 말에 침묵하기, 어머니에게 하는 것처럼 퉁명스럽게 반박하기 등)을 보일 수도 있는데 오히려 10분 전에 미리 오고, 상담을 시작하기 전에는 바르게 행동하려고 애썼다. 내담자는 도대체 무슨 마음으로 이런 행동을 했을까? '상담자는 나의 억울한 마음을 알아주지 않을까?' 하는 약간의 기대가 있었거나 또는 '상담자한테 친구나 엄마한테 하듯이 행동하면 담임선생님한테 일러서 내가 더 난처한 입장에 빠질 수도 있어. 그러니까 예의 바르게 행동해서 좋은 인상을 주는 게 좋을 거야.'라는 마음이 있었을 수 있다. 이것은 추론이므로 상담자는 이후 상담과정에서 내담자의 행동을 관찰하거나 추가적인 탐색을 통해 이와 같은 자신의 추론이 맞는지 확인해 봐야 한다.

부적응적 패턴의 맥락에서 보면, 내담자가 호소문제와 촉발요인을 구체화하고 상담과정에서 상담자와 협조적인 관계를 맺으며 자신의 생각과 마음을 이야기하는 것은 매우 이례적인 현상이며 굉장히 큰 변화다. 관계에서 오는 외부의 자극에 전형적으로 공격적인 반응을 보이던 내담자가 상담자와의 면담(자극)에 대해 호의적인 태도로 적극적인 반응을 보이는 것으로 변화되었기 때문이다. 상담현장에서 보면 상담자와 면담을 하면서 상대방과 호의적인 태도로 대화를 나누는 자신의 모습에 스스로 놀라는 내담자들이 의외로 많다. 많은 상담자가 내담자의 이런 태도를 당연한 것으로 여기고 대수롭지 않게 생각하는데, 상담자가 내담자의 이러한 변화에 초점을 맞춰 추가적인 탐색으로 변화의 요인을 찾아낼 수 있다면 그것을 앞으로의 상담과정에서 변화의 촉진제로 활용할 수 있다.

④ 상담자 관점(유발요인, 유지요인)

내담자 관련 정보를 통해 내린 결론은 다음과 같다. 내담자는 같은 반 남자아이인 A가 쉬는 시간에 자꾸 살쪘다고 놀려서(S: 자극), 참고 참다가 엉덩이를 연달아 걷어차며 욕을 하고 화를 냈다(R: 반응). 이 내담자는 자기가 참기 어려워지는 상황이 생겼을 때, 그 원인 제공자와 상황을 조정하지 못하고 불쑥 공격적으로 반응하거나 원인 제공자가 함부로 대하지 못할 상대라면 소극적으로 또는 수동공격적으로 반응한다. 이를 그림으로 표현하면 [그림 2-1]과 같은데, 촉발요인(자극)

[그림 2-1] 1단계 사례개념화 구체화 개념도

으로 호소문제(반응)가 일어난 것이 이해가 되는가?

언뜻 보면 완벽하게 이해되는 것처럼 보인다. 그러나 동일한 상황에서 모든 사람이 내담자처럼 반응하지는 않는다. 어떤 사람은 장난으로 웃어넘길 수도 있고, 또 다른 사람은 따끔하게 경고하는 것으로 그칠 수도 있다. 그런데 이 내담자는 상대방에게 화를 내고 때리며 그와 유사한 상황에서는 반복적으로 비슷한 반응을 보인다. 따라서 상담자는 [그림 2-2]와 같이 촉발요인(자극)과 호소문제(반응) 사이의 빈 공간을 채울 수 있는 설명을 해야 하는데, 이 설명을 하기 위해서는 도대체 무엇 때문에 내담자가 이런 반응을 보이는지 호기심을 갖고 탐구해야 한다.

이때 상담자는 ICCM-X 모형의 기본원칙으로 설명한 호기심, 간절함, 재미, 울림의 태도를 지녀야 한다. 상담자는 내담자의 주변 사람

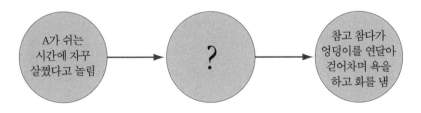

[그림 2-2] 2단계 사례개념화 구체화 개념도

들이 내담자를 보는 것처럼 평가의 관점에서 내담자의 문제행동을 바라보는 태도를 버리고, 내담자가 호소문제를 경험할 수밖에 없는 이유를 알고 싶은 '호기심'과 그 답을 절실히 찾고자 하는 '간절함'을 가지고 내담자의 마음을 추론하는 과정을 밟아야 한다. 그러다 보면 도저히 이해될 것 같지 않은 내담자의 행동에 대한 의문점이 하나둘씩 풀리고 자신이 세운 가설이 맞을 때마다 내담자의 마음에 점점 가까이 다가가는 '재미'가 생긴다. 마지막엔 '이 사람은 이래서 그렇게 할 수밖에 없었구나. 그런 상황 속에서도 의연히 잘 버텨 온 내담자가 참 대단하구나.' 하는 진정한 마음의 '울림'이 퍼지는 지점에 이르게 된다.

상담 초기에 상담자가 내담자의 문제와 관련된 정보를 탐색하는 데 열중한 나머지 무의식적으로 내담자의 행동이 이해되지 않는 자신의 답답함을 해소할 목적으로 호기심을 발동할 때가 있는데, 이런 호기심은 사례개념화를 할 때 가져야 하는 상담자의 태도로서의 '호기심'과는 전혀 다른 것이므로 특히 조심해야 한다.

사례개념화를 할 때 가져야 하는 상담자의 태도로서의 호기심은 '내담자가 지금 보이는 이해할 수 없는 행동에는 반드시 그렇게 할 수밖에 없는 이유가 있을 텐데, 그것이 뭘까? 그것을 알면 내가 내담자의 마음에 가까이 다가갈 수 있을 텐데……. 혹시 이런 이유로 그렇게 행동하나? 아니면 저런 이유로 그런가? 이런 내 추론이 맞는지 앞에 있는 내담자한테 물어보자.' 하는 마음에서 나오는 호기심이다. 이런 호기심에서 나오는 질문은 내담자 마음의 눈높이에 맞춰 마주 앉아서 내담자의 아픔과 내담자 자신도 왜 그런지 몰라서 알고 싶어 하는 내담자의 궁금증을 해소해 주기 위해 하는 질문이 된다. 그러나 상담자 자신의 답답함을 해소하기 위해 하는 질문은 마치 상담자가 내담자 위에 서서 취조하듯이 하는 질문이 된다.

다음은 안도현 작가의 〈연어〉라는 작품의 한 구절인데, 작가는 그런 의도로 쓴 것이 아니겠지만 필자가 보기에 상담자 자신의 답답함을 해소하기 위한 '호기심' 과 사례개념화를 할 때 가져야 할 상담자 태도로서의 '호기심' 의 차이를 잘 나타내 주고 있다.

> 물속에 사는 연어는 땅 위에 사는 인간들을 두려워한다. 인간은 물고기를 옆에서 보려고 하지 않고 위에서 내려다보니까! 연어를 위에서 내려다본다는 것, 그것은 연어를 위해서 불행한 일이다. 연어를 위에서 내려다보는 사람들의 눈은 틀림없이 물수리나 불곰의 눈을 닮아 있을 것이다. 그들은 연어에 관심을 가지기보다 연어 알을 떠올리며 입맛을 쩝쩝 다실 것이 뻔하다. 그러니까 연어를 완전히 이해하고 사랑하는 방법은 연어를 옆에서 볼 줄 아는 눈을 갖는 것이다. 거기에다가 약간의 상상력이 필요하다. 알기 쉽게 말한다면 마음의 눈을 갖는 것이다. 보이지 않는 것을 보고 싶어 하는 눈. 그리하여 보이지 않는 것을 볼 줄 아는 눈. 상상력은 우리를 이 세상 끝까지 가보게 만드는 힘인 것이다(안도현, 1996).

내담자의 문제를 이해하기 위해서 하는 것이더라도 연어를 위에서 내려다보는 것처럼 상담자가 내담자 위에 선 태도로 내담자 문제와 관련된 정보를 탐색하게 되면, 내담자 입장에서는 상담자가 물수리나 불곰처럼 자기를 괴롭히는 사람으로 여겨질 수 있다. 따라서 연어를 완전히 이해하고 사랑하기 위해 연어를 옆에서 볼 줄 아는 눈을 가져야 하는 것처럼, 상담자는 내담자와 마음의 눈높이를 맞춰 조용히 옆에 앉아서 내담자의 드러난 아픔 너머에 있는 무의식적인 깊은 마음을 헤아려 보려는 마음을 가져야 한다.

사례개념화를 할 때 필요한 상담자로서의 태도인 호기심을 갖고 상담과정에서 내담자를 면담하고 관찰해 보면 내담자의 문제와 관련된 다양한 정보를 얻을 수 있다. 우리 속담에 '구슬이 서 말이라도 꿰어야 보배'라는 말이 있다. 아무리 많은 정보를 얻어도 객관적인 정보를 정리하고 또 그 정보 너머에 있는 내담자의 마음을 추론하여 '내담자가 그럴 수밖에 없는 이유 또는 내담자 문제의 메커니즘'을 알아내지 못한다면 아무 소용이 없다. 내담자가 그럴 수밖에 없는 이유 또는 내담자 문제의 메커니즘에 이르기 위해서는 상담이론의 도움이 반드시 필요하다. 예를 들어, 이 사례의 상담자는 '(6) 사례이해'에서 내담자의 문제와 관련된 정보, 즉 초5 때 왕따 경험, 중1 때 오해받음, 중2 때 외모 놀림받음으로 내담자가 대인관계의 어려움을 경험하고 있다고 설명하고 있다([그림 2-3] 참조).

[그림 2-3]의 설명구조는 [그림 2-2]보다 많이 채워져 있다. 그럼 이 그림과 같이 하면 사례개념화가 이루어졌다고 볼 수 있을까? 엄밀히 말하면, 이는 사례개념화가 아닌 객관적인 사실의 나열에 불과하다.

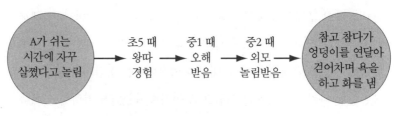

[그림 2-3] 3단계 사례개념화 구체화 개념도

내담자와 비슷한 조건에 있으면서도 어떤 사람은 대인관계의 어려움이 아닌 게임중독에 빠질 수도 있고, 정반대로 어려운 조건을 잘 극복하여 친구의 대인관계를 도와주는 또래상담자가 될 수도 있다. 그런데 왜 이 내담자는 게임중독도 아니고 또래상담자도 아닌 대인관계의 어려움에 처했을까? '왜' 를 설명하지 못하는 이런 개념화는 인지적 개념화에 그치므로 오히려 내담자 문제를 마음으로 이해하는 데 방해가 될 수 있다. 여기에서 '왜' 를 설명하려면 상담이론이 있어야 한다.

[그림 2-4]와 같이 상담이론은 상담자가 내담자의 초5 때 왕따 경험, 중1 때 오해받음, 중2 때 외모 놀림받음이라는 경험과 대인관계의 어려움 사이에 존재하는 마음의 공간을 이해할 수 있도록 해 준다. 이 사례의 경우 '사례이해' 에 상담자의 상담이론이 표현되지는 않았지만 '(7) 상담목표, ① 상담자의 목표' 에 '부정적인 감정과 관련 있는 비합리적 신념을 수정시킨다.' 는 것이 있는 것으로 보아 상담자가 인지행동 상담이론 관점에서 사례를 이해하고 있음을 알 수 있다. 상담자는 인지행동 상담이론을 통해 [그림 2-5]와 같이 초5 때 왕따 경험, 중1 때 오해받음, 중2 때 외모 놀림받음과 대인관계의 어려움이란 사실(fact)

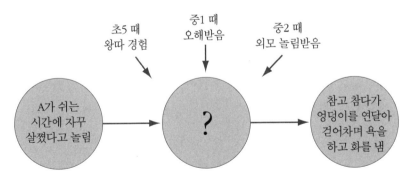

[그림 2-4] 4단계 사례개념화 구체화 개념도

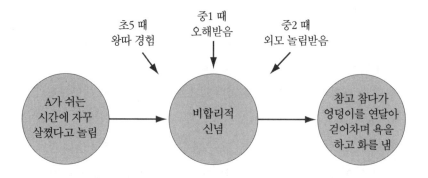

[그림 2-5] 5단계 사례개념화 구체화 개념도

사이에 '비합리적 신념'이 있음을 알게 되고, 내담자에게 어떤 비합리적 신념이 있는지 '호기심'과 '간절함'을 가지고 알아내야 한다.

자, 지금부터는 내담자에게 어떤 비합리적 신념이 있는지 추측해 보자. 내담자는 '이 세상은 믿을 수가 없구나. 내가 가만히 있으니까 사람들이 나를 만만하게 보는구나. 나를 만만하게 여길 때 가만히 있지 말고 욕을 하든 때리든 해야 나를 깔보지 않을 거야. 초등학교 때는 그렇게 하지 못하고 당하기만 했는데 욕하고 때리니까 한결 나은 것 같아.'라는 생각을 할 수 있다. 아니면 '중학교 3학년이 되었는데 내가 아직도 저런 애들한테 놀림을 받다니…… 왜 난 이 모양 이 꼴일까. 참 한심하다. 엄마는 내가 이렇게 힘든 건 모르고 사사건건 간섭이나 하고 아빠는 나를 문제아 취급이나 하고. 이 세상에 나를 챙겨 주는 사람은 아무도 없고 혼자 있는 것 같다. 내가 참 불쌍하네. 알아 주는 사람도 없는데 착하게 살아서 뭐해. 내 맘대로 아무렇게나 살아야지.'라는 생각을 할 수도 있다. 이런 비합리적인 신념은 내담자에게 앞서 일어난 세 번의 객관적인 경험을 통해서 마음 한 켠에 자리를 잡고 점점 커졌을 것이다. 물론 이건 상담자가 추측하는 하나의 가설이다. 이 가설이 맞는지의 여부는 내담자에게 공감적 태도로 직접 물어보거나 내담자의 행동관찰을 통해 확인할 수 있다. 그러나 내담자의 문제가 오랜 기간 만성적으로 진행된 경우(예: 비행문제)에는 상담자의 가설(예: 비합리적 신념 – '이 세상은 믿을 수가 없구나. 내가 가만히 있으니까 사람들이 나를 만만하게 보는구나. 나를 만만하게 여길 때 가만히 있지 말고 욕을 하든 때리든 해야 나를 깔보지 않을 거야. 초등학교 때는 그렇게 하지 못하고 당하기만 했는데 욕하고 때리니까 한결 나은 것 같아.')이 전혀 맞지 않을 수도 있다. 이럴 때 상담자는 내담자가 자신이 가늠할 수 있는 범위를 벗어나 있음을 알아차리고 지금까지 했던 자신의 생각을 과감히 버리고 내담자의 마음이 무엇인지 새롭게 탐색해야 한다. 때로 상담자가 자신의 생각을 바꾸려 하지 않고 자신이 세운 가설에 내담자를 억지로 끼워 맞추려고 하는 경우가 있는데 그런 태도는 상담에 전혀 도움이 되지 않는다.

[그림 2-1]에서 [그림 2-5]로 갈수록 사례개념화는 더욱 정교해지고 있다. 개념화가 정교해짐에 따라 상담자는 내담자의 '그렇게 할 수밖에 없는' 이유를 이해하는 마음이 점점 커지는 경험을 하게 될 것이다. 사례개념화가 [그림 2-5]의 수준에 이르고 내담자가 상담자와 함께 개념화한 내용을 확인하고 나면 그것으로 사례개념화를 완성했다고 생각하는 상담자들이 많다. 하지만 [그림 2-5] 수준의 사례개념화는 머리로만 이해하는 인지적 사례개념화보다는 발전했지만, 마음에 울림이 있어 가슴이 움직이는 온전한 사례개념화에 이르렀다고 보기에는 부족하다.

머리에서 시작하여 가슴이 울리는 사례개념화를 하기 위해서는 선택한 호소문제(대인관계의 어려움)를 종속변인으로 한 관련 상담연구 자료를 참고할 필요가 있다. 몇 가지 선정기준[6]에 따라 이 사례와 관련된 연구 자료를 검토한 결과 두 개의 연구 자료가 선정되었는데, 이 연구들이 이 사례 내담자의 사례개념화에 시사하는 바는 다음과 같다.

첫째, 복합 외상경험은 대인관계 문제에 직접적인 영향을 주며 정서조절은 복합 외상경험이 대인관계에 미치는 영향을 매개하는 것으로 나타났다는 고나래(2008)의 주장에 의하면, 이 사례 내담자의 초5 때 왕따 경험, 중1 때 오해받음, 중2 때 외모 놀림받음을 작은 외상경험으로 볼 수 있고, 이런 일련의 작은 외상경험으로 인해 정서조절이 되지 않으며 이것이 결국 대인관계의 어려움을 야기한 것으로 가설을 세울 수 있다. 이는 내담자와의 면담과정에서 확인이 필요한 내용이지만, 의뢰자의 보고 중 '남자아이인 A의 엉덩이를 연달아 걸어차면

---

6) '대인관계의 어려움' 또는 '대인관계 문제'를 한국교육학술정보원 학술연구정보 서비스 RISS 통합검색(http://www.riss.kr/index.do)에서 찾아보면 많은 관련 자료가 나온다. 이때 어떤 기준으로 내담자의 문제와 관련된 타당한 연구 자료를 선정할 것인가는 매우 중요하다. 먼저, 해당 변인(대인관계의 어려움 또는 대인관계 문제)을 검색한 다음, '청소년'이라는 단어를 추가적으로 넣어 관련 연구 자료의 범위를 줄이는 것이 좋다. 두 번째로, 대인관계의 어려움 또는 대인관계 문제를 독립변인이 아닌 종속변인으로 두고 관련 연구 자료를 선정하는 것이 좋다. 대인관계의 어려움 또는 대인관계 문제를 독립변인으로 한 관련 연구 자료는 내담자의 대인관계의 어려움 또는 대인관계 문제가 다른 일상생활에 어떤 영향을 주는지 이해하는 데는 도움이 되지만 이런 호소문제에 이르게 된 경로, 즉 내담자 문제를 사례개념화하는 데는 도움이 되지 않는다. 마지막으로, 실험연구 또는 효과연구는 상담의 개입을 설계할 때 부분적으로 도움이 되지만, 실제 내담자의 문제를 개념화하는 데는 직접적인 관련이 없으므로 제외해도 된다. 이런 기준에 따라 대인관계의 어려움 또는 대인관계 문제와 관련된 연구 자료를 검토한 결과, 이 사례의 경우 「아동, 청소년기 복합 외상경험이 정서조절과 대인관계문제에 미치는 영향」(고나래, 2008)과 「청소년의 외로움과 대인관계문제의 관계: 부정적 인지의 매개효과」(장윤아, 2014)가 선정되었다.

서 욕을 하고 화를 냈고' '조용히 지내다가 욱하면 욕을 하기도 하고 감정기복을 보인다.' 는 내용과 내담자의 보고 중 '나도 내 기분이 왔다 갔다 해서 잘 모르겠다.' 는 내용으로 보아 내담자는 정서조절이 제대로 안 되고 있음을 알 수 있다. 따라서 정서조절에 대한 비합리적 신념을 찾아보고 이를 이해할 필요가 있다. 이를 그림으로 표현하면 [그림 2-6]과 같은데, 이는 [그림 2-5]보다 더 정교하다.

아마도 내담자는 '이 세상은 믿을 수가 없구나. 내가 가만히 있으니까 사람들이 나를 만만하게 보는구나. 나를 만만하게 여길 때 가만히 있지 말고 욕을 하든 때리든 해야 나를 깔보지 않을 거야. 초등학교 때는 그렇게 하지 못하고 당하기만 했는데 욕하고 때리니까 한결 나은 것 같아.' 또는 '중학교 3학년이 되었는데 내가 아직도 저런 애들한테 놀림을 받다니…… 왜 난 이 모양 이 꼴일까. 참 한심하다. 엄마는 내가 이렇게 힘든 건 모르고 사사건건 간섭이나 하고 아빠는 나를 문제아 취급이나 하고. 이 세상에 나를 챙겨 주는 사람은 아무도 없고 혼자 있는 것 같다. 내가 참 불쌍하네. 알아주는 사람도 없는데

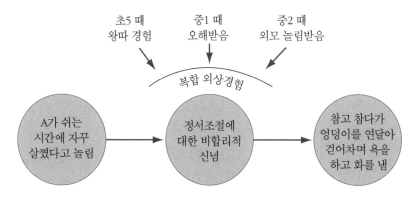

[그림 2-6] 6단계 사례개념화 구체화 개념도

착하게 살아서 뭐해. 내 맘대로 아무렇게나 살아야지.' 라는 비합리적 신념으로 '기분이 왔다 갔다 해서' 정서조절을 하지 못하고 결국 현재 대인관계의 어려움을 겪고 있다고 볼 수 있다.

둘째, 장윤아(2014)의 연구결과에 의하면 청소년들이 '외로움'에서 '부정적 인지'로 인해 '대인관계 문제'로 가는 것으로 밝혀졌다. 즉, 외로움을 많이 경험하는 청소년일수록 그렇지 않은 청소년에 비해 자신에게 일어난 사건이나 자신, 타인 및 주변 상황에 대해 부정적으로 인지하며 왜곡된 사고 패턴을 보일 가능성이 높다는 것이다(34쪽 참조). 이 사례의 내담자는 초5 때 왕따 경험, 중1 때 오해받음, 중2 때 외모 놀림받음이라는 사건으로 외로움을 경험하였으며, 이로 인해 자기, 타인 및 사회적 상황에 대한 부정적 인지를 하게 되었고, 그래서 대인관계 상황에서 과민하거나 과도한 반응을 보이고 자기중심적이고 타인을 통제하려는 경향을 보여 결과적으로 대인관계 문제가 유발된 것으로 가설을 세울 수 있다. 이런 가설 역시 내담자와의 면담과정에서 확인이 필요하지만, 의뢰자의 보고 중 '잘 노는 아이들 그룹에 들어가 있지도 않음' '평소 말이 별로 없어 무슨 생각을 하는지 알기 어렵다.' 는 내용과 내담자의 보고 중 '속이 답답하고 내 속을 알아주는 사람이 아무도 없다.' 는 내용, 어머니의 보고 중 '컴퓨터만 들여다 본다.' 는 내용을 보면 일상생활에서 외로움에 빠져 있는 내담자의 모습을 확인할 수 있다.[7] 따라서 외로움에 대한 내담자의 비합리적 신념을 찾아보고, 이를 이해할 필요가 있다. 이를 그림으로 표현하면 [그림 2-7]과 같은데 이는 [그림 2-6]보다 더욱 정교화되었음을 알 수 있다.

---

7) 이 내용은 추가적인 면담과정을 통해 확인되어야 하나, 지상 슈퍼비전의 한계로 이를 확인된 가설로 상정한다.

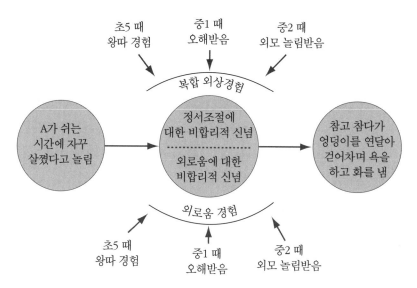

[그림 2-7] 7단계 사례개념화 구체화 개념도

아마도 내담자는 '이 세상에 나 혼자야. 학교에서는 내 마음 알아주는 친구도 없고 가족들도 나한테는 관심이 없어. 희망도 없고 하고 싶은 것도 없고 막 살아도 되겠어. 컴퓨터라도 붙잡고 있으면 숨통이 조금 트이는데 엄마가 그것도 못하게 하니 참…… 어디 기댈 데가 없네.' 라는 외로움과 관련된 비합리적 신념(부정적 인지)이 마음 깊은 곳에서 활성화되어 결국 일상생활에서 대인관계의 어려움을 겪게 된 것으로 볼 수 있다. 이와 같이 대인관계의 어려움에 대한 두 개의 선행연구 자료를 통해 '복합 외상경험-정서조절-대인관계 문제' 와 '외로움-부정적 인지-대인관계 문제' 변인관계에서 '대인관계 문제' 에 대한 비합리적 신념을 추론할 수 있다(고나래, 2008; 장윤아, 2014). 따라서 상담자는 자신의 상담이론인 '인지행동 상담이론' 의 관점에서 추론할 수 있는 일반론적 비합리적 신념보다 더 정교하고 구체적인 비합리적 신념을 찾게 되어 내담자의 마음에 보다 가깝게 다가갈 수 있다.

지금까지 설정한 사례개념화의 가설을 정리해 보면 다음과 같다. 내담자는 같은 반 남자아이인 A가 쉬는 시간에 자꾸 살쪘다고 놀려서 (S: 자극), 참고 참다가 엉덩이를 연달아 걷어차며 욕을 하고 화를 냈다(R: 반응). 내담자가 자극에 이렇게 반응한 이유는 '싫다는데도 자꾸 놀리는' 남자아이 A의 장난으로 인해 그동안의 유사 '복합 외상경험 (예: 초5 때 왕따 경험, 중1 때 오해받음, 중2 때 외모 놀림받음)'으로 외로움 속에서 생활하면서 생긴 마음, 즉 '이 아이가 나를 만만하게 보는구나. 맞대응하지 않으면 나를 더 무시할 거야.'라는 부정적 인지와 비합리적 신념이 활성화되면서 정서조절이 잘 되지 않았기 때문이다. 내담자는 이런 일들로 인해 대인관계의 어려움을 자주 경험할 것이다.

그런데 여기에서 상담자가 명심해야 할 것은 내담자의 이런 부정적 인지와 비합리적 신념이 어느 날 갑자기 생긴 것이 아니라는 점이다. 이런 마음은 내담자의 생애 초기에 유발(유발요인)되어 외부 환경과의 끊임없는 상호작용 과정 속에서 어느 때는 유발된 마음을 강화 (마이너스 유지요인)하고 어느 때는 유발된 마음을 억제(플러스 유지요인)하면서 내담자 안에 자리 잡았을 것이고, 그에 따라 내담자는 특정한 자극(예: 싫다는데도 자꾸 놀리는 장난)에 반사적으로 공격적인 반응 (부적응적 패턴)을 보이게 된 것이다. [그림 2-8]은 이런 과정을 보여 주고 있다.

이 그림에 나타난 내담자의 마음은 어느 날 갑자기 생긴 것이 아니고 반복된 생활 속에서 형성된 것이다. 그렇다면 상담자는 내담자에게 이런 마음이 생기게 된 기원에 대해 알아봐야 한다. 내담자에게 부

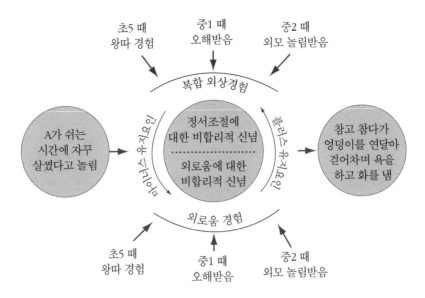

초5 때
왕따 경험

중1 때
오해받음

중2 때
외모 놀림받음

복합 외상경험

A가 쉬는
시간에 자꾸
살쪘다고 놀림

마이너스 유지요인

정서조절에
대한 비합리적 신념

외로움에 대한
비합리적 신념

플러스 유지요인

참고 참다가
엉덩이를 연달아
걷어차며 욕을
하고 화를 냄

외로움 경험

초5 때
왕따 경험

중1 때
오해받음

중2 때
외모 놀림받음

[그림 2-8] 8단계 사례개념화 구체화 개념도

정적 인지, 비합리적 신념이 생기게 된 기원을 찾아가는 과정에서 상담자는 문제와 관련된 내담자의 마음을 더 구체적으로 알게 되고 내담자가 그렇게 할 수밖에 없는 이유를 가슴 깊이 이해할 수 있다.

언제부터 내담자에게 이런 마음— '이 아이가 나를 만만하게 보는구나. 맞대응하지 않으면 나를 더 무시할 거야.' —이 생기기 시작했을까? 먼저, 내담자 가족 간의 관계에서 짐작해 볼 수 있다. '그런대로 안정되어 있던 가정이 아빠가 선 빚보증이 잘못되어 경제적으로 어려워지면서 부부싸움이 잦아졌다. 가끔 놀아 주기도 했던 아빠는 이제 내담자에게 거의 관심을 보이지 않고 살갑게 대하지도 않으며, 술을 마시고 온 날이면 공부는 안 하고 컴퓨터만 한다고 잔소리를 한다. 엄마는 경제적 어려움 때문에 아빠 가게에 나가 일하게 되면서 집에서 마주하는 시간이 거의 없고 중학생이 되면서 성적이 떨어졌다고 실망하고 내담자에게 상처가 되는 말을 자주 하지만 남동생은 예뻐한다. 남동생은 내담자와 친하지 않지만 자기가 필요할 때는 내담자에게 다가온다.' 이런 환경에서 내담자는 무슨 마음이 들까? 어떤 생각을 할까?

이 사례의 상담자는 상담자의 관점, 즉 인지행동 상담이론의 관점에서 이런 환경에 있는 내담자에게 어떤 마음이 생겼을지 호기심과 간절함을 갖고 찾아봐야 한다. 추측컨대 내담자의 마음의 근원을 찾아보면 다음과 같을 가능성이 높다.

빚보증으로 경제적인 어려움을 야기한 아빠는 평소엔 엄마의 잔소리를 묵묵히 들으며 참고 있다가 화가 나면 큰 소리로 엄마를 윽박지르거나 물건을 집어 던진다. 그러면 아마 잔소리를 늘어놓던 엄마가 겁에 질리거나 입을 다물고 조용해졌을 것이다. 또 엄마에게서 예쁨을 받는 남동생이 내담자의 말을 안 듣거나 약을 올리면 한 대씩 쥐어박기도 한다. 그러면 남동생은 한동안 누나 눈치를 보면서 말을 잘 들었을 것이다. 이런 아빠의 모습과 엄마의 반응, 남동생의 반응을 보면서 내담자의 마음속 깊은 곳에서는 '아~ 맞대응을 해야 상대방이 조용해지는구나.' 하는 마음(유발요인)이 생겨나기 시작했을 것이다. 지상 슈퍼비전인 까닭에 이런 상황을 내담자에게 직접 확인하기는 어렵지만 앞뒤 정황을 살펴보면 충분히 개연성이 있다. 초기 상담과정에서 이렇게 형성된 '맞대응을 하지 않으면 상대방이 나를 더 무시할 거야.' 라는 마음(유발요인)을 내담자와 함께 확인하였다면, 상담자는 다음 순서로 이런 유발요인이 어떻게 유지·강화되어 왔는지 탐구해야 한다. 유발요인은 이후 가족 외의 다른 사람들과의 관계에서도 여러 경험을 통해 유지·강화되었을 가능성이 크기 때문이다.

앞에서도 말했지만 유발요인이라는 씨앗이 마음의 밭에 심어졌다고 해서 비슷한 상황에 처할 때마다 늘 반복적으로 나타나는 것은 아니다. 내담자가 반복적으로 특정한 부적응적 패턴을 보인다는 것은 그 후 내담자의 삶에 부적응적 패턴을 강화하는 마이너스 유지요인과 약화시키는 플러스 유지요인이 있었다는 것을 의미한다. 그렇다면 유발요인을 내담자의 마음속에 자리 잡게 한 강화요인(마이너스 유지요인)은 무엇인지 살펴보자.

이 내담자는 초등학교 5학년 때 혼자만 스마트폰이 없어서 같이 어울리던 친구들 사이에서 따돌림을 당했다. 현재의 내담자라면 유발요인('맞대응을 하지 않으면 상대방이 나를 더 무시할 거야.')이 활성화되어 친구들에게 대응했을 테지만 그때의 내담자는 집에 와서 말이 없어지고 우울해 했을 뿐 친구들에게 대응하지 않았다. 왜 그랬을까? 왜 마음속에 이미 형성되어 있는 해당 유발요인이 활성화되지 않았을까? 상담자는 이 점에 대해 생각해 봐야 한다. 가설을 세워 보면, 그 당시 내담자에게는 내담자의 외롭고 우울한 마음을 알아주고 받아 주는 엄마가 옆에 있었고 선생님에게도 공부 잘하는 학생으로 인정받고 있었기 때문에 그 왕따 사건으로 생활이 흔들릴 정도는 아니었을 것이고, 그래서 유발요인이 활성화되지 않았을 것이다. 그러나 중학교 1학년 말에 내담자가 친구들의 뒷담화를 했다는 소문이 돌아 친구들과의 관계가 어려워졌을 때 내담자는 '생애 최대의 위기' 를 느꼈을 것이다. 그러나 예전처럼 엄마가 옆에서 자신의 맘을 알아주고 이해해 주는 것도 아니고 그렇다고 자신의 억울한 심정을 터놓고 이야기할 친구도 없었다. 그래서 혼자 고민하다가 집에 있을 때 큰 소리로 욕을 하거나, 내담자의 이런 사정도 모르고 떨어진 성적과 부부싸움 끝에 화풀이로 잔소리를 해대고 상처를 주는 엄마와 다투거나, 동생을 쥐어박으면서 그 화를 풀었을 것이다. 이는 초등학교 4학년 때부터 유발요인으로 자리 잡고 있던 비합리적 신념('맞대응을 하지 않으면 상대방이 나를 더 무시할 거야.')이 친구들과의 관계에서는 직접적으로 드러나지 않았지만, 가족관계에서는 나타난 것으로 볼 수 있다. 그러다가 2학년 때 같은 반 여자애들이 뚱뚱하다고 수군대며 기분 나쁘게 한 사건이 그간 수면 아래에 있던 유발요인('맞대응을 하지 않으면 상대방이 나를 더 무시할 거야.')을 가족 외의 다른 사람에게 직접적으로 드러내는 계기가 되었고, 이번에 같은 반 남자애가 쉬는 시간에 살쪘다고 자꾸 놀린 사건으로 '맞대응을 하지 않으면 상대방이 나를 더 무시할' 거라는 비합리적 신념이 마음 깊이 더 강화되는 계기가 되었을 것이다. 물론 이런 가정을 내담자에게 직접 확인할 수는 없다. 하지만 확인이 가능하다면 필자는 다음과 같이 확인해 볼 것이다.

"지금까지 이야기를 들어 보니 네가 남자아이 엉덩이를 걷어찬 이유가 이거인 것 같은데 내가 맞게 생각한 건지 한번 들어 봐. 엄마, 아빠가 싸우실 때 보니 엄마가 잔소리를 엄청 퍼부어도 아빠가 참고 있다가 아빠가 화를 내면서 윽박지르면 엄마가 조용해져. 그래서 아~ 상대방이 나를 자꾸 무시하며 달려들 땐 한방 날리면 되는구나 하는 마음이 들었고 또 실제로 동생한테 그 방법을 써 보니 귀찮게도 안 하고 네 눈치를 보면서 조용히 있어. 초등학교 5학년 때 애들이 왕따를 시킬 때는 엄마가 옆에서 네 얘기를 들어 줘서 그런대로 괜찮았는데 중학교 1학년 말쯤에 뒷담화를 했다는 오해를 받았을 때는 네가 참 힘들었을 것 같아. 그때는 친구들한테 직접 화를 내지는 못했지만 대신 집에서 혼자 욕을 하거나 엄마한테 대들면서 화를 풀었겠지. 2학년 때 같은 반 여자애들이 네가 뚱뚱하다고 수군거릴 때는 '맞아. 계속 내가 하는 말은 안 듣고 날 무시하는 사람한테는 대응을 해야 해. 맞대응을 해야 조용해지지.' 하는 네 맘속에 숨겨 두었던 무기를 사용하기 시작한 것 같아. 그러니까 대놓고 욕을 한바탕 해 줬겠지. 이번에 남자애 엉덩이를 걷어찬 것도 아마 너 나름대로는 참고 참다가 더 놔두면 나를 완전히 무시하겠구나 싶은 마음에 맞대응이라는 무기를 사용한 것 같은데…… 어때? 네 생각은?"[8]

이쯤에서 개념화를 다 했다고 생각하는 상담자는 다음의 질문을 생각해 보자. 유발요인('맞대응을 하지 않으면 상대방이 나를 더 무시할 거야.')이 계속 강화되는 쪽으로만 움직였다면 내담자에게 어떤 일이 일어났을까? 유발요인이 계속 강화되기만 했다면 내담자는 학교에서 유명한 싸움꾼, 문제아가 되어 있을 것이다. 혹은 학교 밖에서 문제를 일으켰을 수도 있다. 그러나 지금 내담자는 어떠한가? 화나고 힘든 일이 생길 때마다 자기를 무시하는 사람들, 세상과 싸우고 싶은 마음('맞대응을 하지 않으면 상대방이 나를 더 무시할 거야.')이 들 텐데도 항상 그렇게 행동하지는 않는다. 계속 놀려대는 남학생에게 더 심하게 할 수도 있는데 엉덩이를 두 번 걷어차는 걸로 그쳤다. 어떻게 그럴

---

8) 지상 슈퍼비전인 관계로 내담자에게 확인한 결과 이 내용이 맞다고 가정한다. 실제로 상담자는 이런 내용을 확인하는 과정을 통해 내담자의 마음을 보다 더 정확하게 이해하는 사례개념화를 할 수 있고, 상담 초기에 이러한 상담자의 지지적 태도에 감동한 내담자와 군건한 치료적 동맹을 맺을 수 있다.

수 있을까? 내담자가 대단하게 느껴지지 않는가? 마음 가는 대로 행동하지 않고 멈추는 그 힘은 어디에서 나오는 걸까? 상담자는 그 이유를 찾기 위해 내담자에게 직접 질문해야 한다.

"너는 화나고 힘들 때마다 널 무시하는 사람, 세상과 싸우고 싶은 마음('맞대응을 하지 않으면 상대방이 나를 더 무시할 거야.')이 들 텐데도 그러지 않는구나. 널 놀리는 남학생에게도 그냥 엉덩이 두 번 차는 걸로 그쳤고. 화나고 억울한 마음대로 하자면 더 심하게 하고 싶었을 텐데도 말이야. 나는 네가 참 대단한 사람이라는 생각이 든다. 억울하고 분한 마음에 막 더 나쁘게 행동할 수도 있는데 너는 그러지 않거든. 그걸 멈출 수 있는 힘이 있어. 그런 힘은 어디에서 나오는 걸까? 그런 힘이 어디에서 나온다고 생각해?"

내담자에게 이런 질문을 할 수 있을 때, 상담자는 비로소 문제투성이인 내담자가 아니라 '그런 척박한 환경에서도 의연히 살아온 대단한' 내담자를 만날 수 있으며, 드디어 가슴까지 울리는 온전한 사례개념화를 할 수 있게 된다. 상담 장면에서 상담자가 내담자에게 위와 같은 질문을 하면, 대부분의 내담자는 질문을 듣는 순간 침묵하며 오래도록 생각을 한다. 그런 질문은 내담자가 살아오면서 한 번도 받아본 적이 없는 질문이고, 상담자가 언급한 힘은 한 번도 생각해 본 적이 없는 힘이기 때문이다. 필자가 만나 본 내담자들은 그런 질문을 받은 후에 비로소 '아, 나는 내가 문제만 일으키는 줄 알았는데 그걸 멈출 수 있는 힘도 가지고 있구나.'라고 깨닫곤 했다.

위와 같은 상담자의 질문에 이 사례의 내담자도 분명히 잠시 침묵하면서 생각했을 것이다. 그리고 다음과 같은 대답을 했을 것이다.

"열 받을 땐 막나가고 싶죠. 그런데 가끔 공부도 열심히 하고 이것 저것 하고 싶은 것도 많았던 초등학교 때가 생각나요. 이렇게 공부도 안 하고 꿈도 없이 사는 게 내가 진짜 원하는 건 아니거든요. 내가 좋 아하는 오빠(가수)가 공부 열심히 하고 예의 바른 팬들이 좋다고 했는 데, 팬클럽 친구들과 채팅하다 보면 내가 막 화내고 거친 행동을 하면 오빠가 싫어하겠구나 하는 생각이 들어요."[9]

내담자가 자신이 가진 힘의 근원이라고 생각하는, 공부도 열심히 하고 꿈도 많았던 초등학교 시절의 경험과 자신이 좋아하는 아이돌 가수가 한 말 그리고 그 팬들과의 유대관계가 내담자의 유발요인을 억제하는 플러스 유지요인으로 작용하고 있다고 볼 수 있다.

⑤ 상담목표
• 임상목표
상담계획에서 제일 중요한 것은 [그림 2-9]에서 보는 바와 같이 정 삼각형의 각 꼭짓점, 즉 임상목표, 합의목표, 상담개입 간의 균형을 잡는 것이다. 삼각형은 가장 빠르게 안정된 모양을 만들 수 있는 도형 이라고 한다. 내담자가 자신의 반복적인 부적응적 패턴을 버리고 새

---

9) 1회기 내용 중 "하루 중 무엇을 할 때 가장 편하고 좋아?" "집에 가서 컴퓨터를 켜고 좋아하는 오빠들(가수)의 팬클럽 사이트에 접속할 때요. 중학교 2학년 때부터 살이 찌기 시작했는데 아이들이 놀려서 같이 놀고 싶지도 않고 그때 이 오빠들이 데뷔를 해서 너무 좋아서 처음으로 팬클럽에 가입하고 거기에 올라온 동영상도 보고 같은 팬들끼리 대화하는 것이 너무 재미있어요."에서 유추하였다.

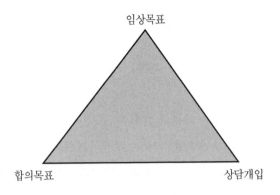

임상목표

합의목표   상담개입

[그림 2-9] 임상목표, 합의목표, 상담개입 간의 균형

로운 적응적 패턴을 만들어 가도록 하기 위해서 상담자는 정삼각형처럼 임상목표, 합의목표, 상담개입 간의 균형을 잡고 서로 연결된 전략적인 개입을 해야 한다. 그러나 상담자들의 상담계획과 상담회기 중 진행된 상담개입을 살펴보면, 임상목표와 합의목표, 상담개입이 있긴 하지만 서로 연결되어 체계적으로 개입이 이루어지는 경우는 드물다.

이 사례에서도 임상목표, 합의목표, 상담개입 간의 균형이 잘 맞지 않는다. 상담자는 상담목표를 '상담자의 목표' '어머니의 목표' '내담자의 목표'로 구별하고 있는데, 그 내용을 살펴보면 '상담자의 목표'는 임상목표로, '어머니의 목표'와 '내담자의 목표'는 합의목표로 볼 수 있다. 임상목표는 사례개념화와 긴밀히 연결하여 설정해야 하는데, 이 사례에서 임상목표에 해당하는 '상담자의 목표'는 사례개념화와 연결되지도 않거니와 너무 일반론적이라서 내담자의 변화를 구체적으로 모니터링해 매 상담과정마다 상담의 지표로 활용하는 데 한계가 있다. 따라서 임상목표는 앞 절에서 수정한 상담자 관점(유발요인, 유지요인)과 연결하여 다음과 같이 설정할 수 있다.

이 사례의 상담자는 인지행동 이론으로 상담사례를 이해하고 상담 개입을 하고 있으므로 전술한 '맞대응을 하지 않으면 상대방이 나를 더 무시할 거야.'라는 내담자의 비합리적 신념을 변화시키는 데 목표를 둔다.

• 합의목표

이제 합의목표에 해당하는 '어머니의 목표'와 '내담자의 목표'를 살펴보자. 어머니의 목표에는 내담자가 변화되었으면 좋겠다는 어머니의 호소내용('아이가 자신의 욕구나 감정을 말로 표현했으면 좋겠다.' '컴퓨터를 들여다보는 시간을 줄이고 공부에 좀 더 신경 썼으면 좋겠다.')을, 내담자의 목표에는 내담자가 원하는 호소내용('내가 하고 싶은 것이 무엇인지 찾고 친구들과 잘 지내기' '집에서 인정받기')을 각각 그대로 상정하였다.

합의목표란 내담자의 호소문제 중에서 내담자의 핵심문제와 관련이 있고 상담자가 이를 다룰 수 있는 전문적인 능력이 있으며 내담자도 해당 문제를 다루고자 하는 마음의 준비가 되어 있을 때, 상담자와 내담자가 상호 계약적인 관계에서 해당 문제를 선정하여 다루고자 합의한 목표를 의미한다. 따라서 상담자가 내담자의 문제를 다룰 수 있는 자신의 전문적인 능력이 어느 정도 되는지 스스로의 한계를 아는 것이 중요하다. 내담자가 무조건 해결해 주기를 요구한다고 해서 자신의 능력을 넘어서는 문제를 다루겠다고 내담자와 합의해서는 안 된다. 내담자와 목표를 합의하는 과정에서 내담자는 문제를 다룰 준비가 되어 있으나 상담서비스 영역이 상담자가 제공할 수 없는 영역이라면 전문가 연계망을 통해 적합한 상담자에게 상담을 의뢰해야 한다. 반면, 상담자는 내담자의 문제를 다룰 수 있는 능력이 있지만 내담자가 비자발적인 경우가 있다. 이런 경우 상담자가 내담자의 마음에도 없는 문제를 선정하여 섣불리 합의목표로 설정하기도 하는데 이는 옳지 않다. 내담자가 비자발적일 때는 상담 초기에 내담자의 비자발적인 마음 상태를 잘 어루만져 주어 내담자가 함께할 수 있도록 동기화하고, 내담자의 준비도에 맞고 핵심문제와도 관련이 있는 내담자의 호소문제를 선정하는 것이 중요하다. 상담자들은 대부분 내담자의 호소문제를 구체화하는 과정에서 내담자의 준비도, 즉 동기화 수준을 알 수 있다. 이 사례의 내담자는 주된 호소문제가 대인관계의 어려움— '학교에서나 방과 후 같이 이야기할 친구가 없다. 말하지 않아도 내 답답한 속을 알아주는 친구가 있으면 좋겠다는 생각이 많이 든다. 학교를 다니긴 다녀야겠는데 공부도 재미없고 친구도 없어서 학교 다니는 게 영 재미없다. 마음을 나눌 수 있는 친구가 있으면 학교 다니는 것도 좀 편안하고 좋을 것 같다.' —으로 드러났으므로 이와 관련해 다음과 같은 합의목표를 설정하는 것이 타당할 것이다.

'나는 친구 ○○와 마음을 나눌 수 있는 관계를 맺는다. 이를 통해 주변 친구들과 원만히 대인관계를 하는 방법을 익힌다.'

합의목표는 긍정적인 용어로 측정 가능하도록 구체적으로 설정하는 것이 좋다. 이를 위해 GAS(Goal Attainment Scale)를 사용할 것을 권한다. 이 사례의 합의목표를 GAS로 표현하면 다음과 같다.

'나는 친구 ○○와 마음을 나눌 수 있는 관계를 맺는다.'

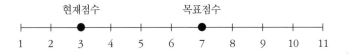

'이를 통해 주변 친구들과 원만히 대인관계를 하는 방법을 익힌다.'

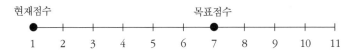

⑥ 상담전략

임상목표와 합의목표를 정한 후, 상담자는 상담과정에서 임상목표와 합의목표를 달성하기 위해 어떻게 할 것인지 구체적인 상담계획을 수립해야 한다. 여기서 잠깐 상담전략과 상담개입에 대해 알아보자. 상담전략은 상담개입보다 상위개념으로 임상목표와 합의목표의 달성에 도움이 되는 범이론적인 공통의 상담전략(예: 지지, 기술훈련)과 해당 상담이론의 상담전략(예: 부적응적 신념 수정)으로 나눌 수 있다. 상담개입은 상담전략을 상담과정에서 실현할 수 있는 세부적인 기법을 의미한다.

이 사례의 상담자는 과거 부정적인 경험과 관련된 비합리적 신념 수정하기, 자신의 감정을 이해하고 수용하기, 친한 친구관계 만들기, 힘든 상황에서 대처방안 모색하기, 부모의 정서적인 지지를 충분히 받기, 컴퓨터 접속시간 줄이기를 상담전략으로 세웠다.

상담자가 제시한 '상담전략' 중 앞에서 구체화한 합의목표('나는 친구 ○○와 마음을 나눌 수 있는 관계를 맺는다. 이를 통해 주변 친구들과 원만히 대인관계를 하는 방법을 익힌다.')와 관련 있는 것을 중심으로 상담개입을 계획하면 다음과 같을 것이다. 단, 상담자가 제시한 상담전략 중 '컴퓨터 접속시간 줄이기' 는 합의목표와 직접 관련이 없으므로 상담개입에 포함시키면 안 된다. 상담개입은 다음과 같다.

'나는 친구 ○○와 마음을 나눌 수 있는 관계를 맺는다. 이를 통해 주변 친구들과 원만히 대인관계를 하는 방법을 익힌다.' 와 관련된 자신의 감정을 이해하고 수용하기[10]

'나는 친구 ○○와 마음을 나눌 수 있는 관계를 맺는다. 이를 통해 주변 친구들과 원만히 대인관계를 하는 방법을 익힌다.' 와 관련된 부모의 정서적인 지지를 충분히 받기[11]

'나는 친구 ○○와 마음을 나눌 수 있는 관계를 맺는다. 이를 통해 주변 친구들과 원만히 대인관계를 하는 방법을 익힌다.' 와 관련된 비합리적 신념 수정하기[12]

'나는 친구 ○○와 마음을 나눌 수 있는 관계를 맺는다. 이를 통해 주변 친구들과 원만히 대인관계를 하는 방법을 익힌다.' 와 관련된 친구관계 기술 연습하기[13]

'나는 친구 ○○와 마음을 나눌 수 있는 관계를 맺는다. 이를 통해 주변 친구들과 원만히 대인관계를 하는 방법을 익힌다.' 와 관련된 힘든 상황에서 대처방안 모색하기[14]

---

10) 상담자의 상담전략 '자신의 감정을 이해하고 수용하기' 를 반영한 상담개입의 예
11) 상담자의 상담전략 '부모의 정서적인 지지를 충분히 받기' 를 반영한 상담개입의 예
12) 상담자의 상담전략 '과거 부정적인 경험과 관련된 비합리적 신념 수정하기' 를 반영한 상담개입의 예
13) 상담자의 상담전략 '친한 친구관계 만들기' 를 반영한 상담개입의 예
14) 상담자의 상담전략 '힘든 상황에서 대처방안 모색하기' 를 반영한 상담개입의 예

⑦ 예상되는 장애

상담자는 자신이 수립한 상담계획을 상담과정에서 실행할 때 어떤 난관이 있을지 예상해 보고 미리 대비할 필요가 있다. 이 상담사례의 경우, 다음과 같은 난관 또는 어려움이 예상된다.

내담자는 자신을 인정해 주지 않고 무시하는 태도를 보이는 상대방에게 맞대응하는 패턴에 익숙하다. 따라서 상담 초기에 상담자가 어머니나 선생님의 호소문제에 더 관심을 보이고 내담자의 호소문제를 제대로 파악하지 못하면, 내담자는 상담자가 자신을 무시한다고 간주하고 뿌루퉁한 태도를 보이는 등 수동공격적인 반응을 보일 수 있다. 또한 같은 맥락에서 상담자가 내담자의 준비도를 고려하지 않은 채 상담개입으로 '나는 친구 ○○와 마음을 나눌 수 있는 관계를 맺는다. 이를 통해 주변 친구들과 원만히 대인관계를 하는 방법을 익힌다.'와 관련된 비합리적 신념 수정하기, '나는 친구 ○○와 마음을 나눌 수 있는 관계를 맺는다. 이를 통해 주변 친구들과 원만히 대인관계를 하는 방법을 익힌다.'와 관련된 친구관계 기술 연습하기, 그리고 '나는 친구 ○○와 마음을 나눌 수 있는 관계를 맺는다. 이를 통해 주변 친구들과 원만히 대인관계를 하는 방법을 익힌다.'와 관련된 힘든 상황에서 대처방안 모색하기라는 상담개입을 성급하게 실행할 경우, 이런 것들은 내담자가 실생활에서 한 번도 시도해 보지 않은 것들이라서 이를 자신을 인정해 주지 않고 무시하는 것으로 오해하여 저항을 보일 수 있다.

지금까지 ICCM-X 모형의 구성요소에 따라 인지적 개념화를 넘어서 가슴으로 온전히 내담자를 이해하는 개념화를 하고 그에 따라 상담계획을 세우는 사례개념화를 해 보았다. 다음 절에서는 ICCM-X 모형으로 상담사례의 상담과정을 분석하고 사례개념화와 일관성 있게 연결되는 상담실제의 예를 알아보도록 한다.

(2) 상담과정 분석

많은 상담자가 사례개념화는 상담 초기에 내담자 문제에 대한 관련 정보를 탐색해 내담자가 지금까지 왜 그런 문제를 경험하고 있는지 알아보고, 내담자가 그런 반복적인 문제에서 벗어날 수 있도록 하기 위한 상담계획을 세워 보는 것으로 알고 있다. 사례개념화에 대한 개념적 정의로 보면 그렇게 이해하는 것이 맞다. 그러나 상담은 실천학문이다. 개념적 정의에 따라 상담계획을 세워 보는 것에서 멈추는 것이 아니라 상담 초기에 한 사례개념화가 상담의 중기·종결단계에까지 일관성 있게 연결되어 상담성과를 내는 것이 진정한 의미의 사례개념화다. 또한 초기의 개념화가 부족하거나 잘못되었을 경우에는 정보를 더 모아서 개념화를 수정하여 상담성과를 이끌어 내야 한다. 만약 사례이해를 바탕으로 설정한 상담개입이 그대로 실행되지 않거나 실제로 행한 상담개입이 계획한 내용과 다르다면 사례개념화가 제대로 되었다고 볼 수 없다.

이 상담사례의 경우 ICCM-X(인지행동 상담이론)에 의거한 사례개념화가 실제 상담개입으로 연결되었는지 알아보기 위해 사례개념화–상담실제의 일관성 평가표(〈표 2-3〉 참조)를 작성해 보았다.

상담과정이 진행되면서 합의목표 점수가 1/7 → 5/7 → 6/7으로 증가하였으므로 합의목표는 많이 달성되었다고 볼 수 있다. 그러나 사례개념화와 직접적인 관련이 있는 '임상목표'와 '상담개입'의 평정

〈표 2-3〉 사례개념화–상담실제의 일관성 평가표

	실제 개입한 상담실제의 내용	평가			비고
		임상목표	합의목표	상담개입	
1회 ~ 2회	**호소문제 및 배경 탐색** • 내담자 면담(A의 엉덩이를 걷어찬 이유, 일반 친구들과의 평상시 관계, 관계 갈등이 없는 가장 편안한 때, 중학교 진학 이후 학교생활, 동생과의 관계) • 어머니 면담(중2 때부터 컴퓨터 이용 증가, 초5 때 2G폰 따돌림 사건, 초4 부의 보증으로 경제적으로 어려워져 잦은 부부싸움, 중1 때부터 남편 가게에서 일하느라 아이에게 신경을 못 써 줘 성적 떨어짐)	1/7 호소문제의 표면적 내용을 탐색하는 데 그침. 예를 들어, A의 엉덩이를 연달아 걷어 찬 사실 너머에 있는 비합리적 신념을 탐색하려는 시도가 없으므로 최하 점수로 평정함.	1/7 '나는 친구 ○○와 마음을 나눌 수 있는 관계를 맺는다. 이를 통해 주변 친구들과 원만히 대인관계를 하는 방법을 익힌다.' 와 관련된 것에 초점을 둔 것이 아니므로 최하 점수로 평정함.	2/7 전후 맥락상 '나는 친구 ○○와 마음을 나눌 수 있는 관계를 맺는다. 이를 통해 주변 친구들과 원만히 대인관계를 하는 방법을 익힌다.' 와 관련된 자신의 감정을 이해하고 수용하기를 실행한 것으로 보이나 이에 대한 구체적인 증거는 없음.	
6회 ~ 7회	**변화탐색** • 내담자: 대놓고 싫다는 친구에게 욕하지 않고 참음. 같은 방 사용했던 친구들과 조금 친해짐. 시험공부 계획표를 진지하게 짬. 컴퓨터를 더 하고 싶은 걸 참고 끔. 시험공부를 하려고 노력함. 평일에 컴퓨터 적게 한 것은 모르고 주말에 좀 오래 한다고 잔소리를 하는 어머니와 다툼 • 담임교사 통화: 조금 밝아짐. 반 친구들과 잘 지냄. 특히 수련회에서 같은 방을	1/7 단순히 변화된 사건을 나열하고 있으며 임상목표와 관련하여 평가한 증거가 없음. 예컨대 '같은 방을 사용했던 친구들과 조금 친해짐' 이라는 사건은 비합리적 신념이 줄어들고 합리적 신념이 활성화되었다는 증거인데, 이에 초점을 맞추	5/7 '나는 친구 ○○와 마음을 나눌 수 있는 관계를 맺는다. 이를 통해 주변 친구들과 원만히 대인관계를 하는 방법을 익힌다.' 는 합의목표에 초점을 두지는 않았지만 합의목표와 관련된 증거들(예: 대놓고 싫다는 친구에게 욕하지 않음, 수련회에서 같은	2/7 전후 맥락을 보면, '나는 친구 ○○와 마음을 나눌 수 있는 관계를 맺는다. 이를 통해 주변 친구들과 원만히 대인관계를 하는 방법을 익힌다.' 와 관련된 자신의 감정을 이해하고 수용하기가 주로 실행된 것으로 보임. 중기 단계에 해당하	

		1/7	6/7	1/7
	썼던 친구들과 친하게 지냄.	지 않음.	방 썼던 친구들과 친하게 지냄)로 보면, 평균 이상 의 성과를 낸 것 으로 판단됨.	는 회기이므로 관 련된 비합리적 신 념 수정하기, 관 련된 친구관계 기 술 연습하기, 관 련된 힘든 상황에 서 대처방안 모색 하기라는 상담개 입이 필요한데, 그에 대한 증거는 없음.
12회 ~ 13회	변화유지 확인 • 내담자: 중간고사 때와 같 이 시험계획을 세워 그대 로 하려고 노력함. 사회와 기술가정 과목 성적이 향 상됨. 변화의 유지요인으 로 팬클럽 가수의 칭찬이 작용됨. 진학문제를 위한 진로탐색 검사 실시/해석 및 진학진로 논의함.	변화 또는 변화의 유지 사건을 단순 히 나열하고 있으 며, 이를 임상목표 와 관련하여 평가 한 증거가 없음. 예 컨대 '중간고사 때 와 같이 시험계획 을 세워 그대로 하 려고 노력함, 사회 와 기술가정 과목 성적이 향상됨' 이 라는 사건은 비합 리적 신념이 줄어 들고 합리적 신념 이 활성화되었다 는 증거인데, 이에 초점을 맞추지 않 음.	'나는 친구 ○○ 와 마음을 나눌 수 있는 관계를 맺는다. 이를 통 해 주변 친구들과 원만히 대인관계 를 하는 방법을 익힌다.' 라는 합 의목표에 초점을 두지는 않았지만, 합의목표와 직접 적으로 관련된 학 교적응 변인(예: 성적 향상, 현실 적 진로 고민)이 긍정적으로 변화 된 것으로 보아 합의목표가 많이 달성된 것으로 판 단됨.	전후 맥락에서 보 면 종결단계에 이 루어진 상담개입 은 '나는 친구 ○ ○와 마음을 나눌 수 있는 관계를 맺는다. 이를 통 해 주변 친구들과 원만히 대인관계 를 하는 방법을 익힌다.' 는 합의 목표와 직접 관련 된 것이 아닌 일 반적인 상담개입 이므로 최하 점수 로 평정함.

점수는 종결단계까지 최하 점수를 유지하였다. 따라서 이 사례의 경우, 내담자 문제에 대한 개념화를 토대로 설정한 임상목표에 따라 미리 계획된 상담개입을 실행한 결과로 합의목표가 달성되었다고 볼 수 없다.

상담자들은 문제를 빨리 해결하고자 하는 내담자의 요구를 충족시키기 위해 부단히 노력한다. 그래서 상담자들은 내담자의 문제를 해결하기 위해 여러 상담이론에서 내담자의 문제해결에 유용하다고 판단되는 상담기법들을 혼용하여 상담개입을 하는 경우가 많다. 필자가 상담기법의 혼용에 대한 문제점을 이야기하면, 어떤 상담자는 "내담자의 문제를 해결하기만 하면 되는 거지 그것이 뭐 잘못인가요?"라고 반문하기도 한다. 내담자가 정신적으로 건강한 사람인데 일상생활에서 일회적으로 또는 일시적으로 심리적 어려움에 처한 경우이거나 상담자가 전문가가 아닌 일상생활에서 '좋은 조언자'로서의 역할에만 머무르고 싶은 경우라면 여러 상담이론에서 나온 유용한 상담기법들을 혼용해도 상관이 없다. 그러나 '복잡한 심리적 메커니즘 때문에 힘들어하는 내담자를 도와주는 전문가가 되기 위해 수련 중'이라고 말하는 상담자라면, 그래서 전문가로서의 역할을 제대로 하고 싶은 상담자라면, 자신의 상담이론 안에서 세운 사례개념화와 그에 따른 상담개입을 일관성 있게 할 수 있어야 한다.

〈표 2-4〉의 사례개념화와 일관성이 있는 상담실제(안)는 상담실제에서 사례개념화에 따라 매 회기마다 일관성 있게 개입하는 것에 대한 실례가 될 것이다.

〈표 2-4〉 사례개념화와 일관성이 있는 상담실제(안)

상담계획			사례개념화와 일치하는 상담실제의 예		비고
임상목표	합의목표	상담개입	단계	내용	
'맞대응을 하지 않으면 상대방이 나를 더 무시할 거야.'라는 비합리적 신념의 변화	'나는 친구 ○○와 마음을 나눌 수 있는 관계를 맺는다. 이를 통해 주변 친구들과 원만히 대인관계를 하는 방법을 익힌다.'	'나는 친구 ○○와 마음을 나눌 수 있는 관계를 맺는다. 이를 통해 주변 친구들과 원만히 대인관계를 하는 방법을 익힌다.'와 관련된 자신의 감정을 이해하고 수용하기	초기 단계	상담의 구조화 • 장소와 시간 • 상담횟수 • 비밀유지 범위 • 내담자와 상담자의 역할 내담자 문제 및 배경 탐색 • 최근 같은 반 아이의 엉덩이를 걷어찬 배경 탐색하기 • 내담자의 문제와 관련된 배경 탐색(이전 친구관계의 문제점, 친구관계가 힘들 때 해결/대응/대처 방식) • 호소문제와 연결된 비합리적 신념 탐색 및 확인하기 • 호소문제와 관련된 내담자 자신의 감정이해 및 수용하기 호소문제와 관련된 심리평가 실시 및 해석 • 심리평가를 거절하는 경우 심리평가와 관련된 비합리적 신념을 탐색하고 내담자의 감정 이해하고 수용하기 • 심리평가 실시 및 해석(내담자와 함께 전	
		'나는 친구 ○○와 마음을 나눌 수 있는 관계를 맺는다. 이를 통해 주변 친구들과 원만히 대인관계를 하는 방법을 익힌다.'와 관련된 부모의 정서적인 지지를 충분히 받기			

			단계에서 찾아낸 호소문제의 개념화를 수정/보완하기) 이번 상담을 통해 얻고 싶은 것 탐색 및 가능한 합의 목표 탐색/조정/합의 • 합의목표 탐색 • 보호자, 의뢰자(담임교사)와 조절/합의 및 협력관계 형성 내담자의 문제에 대한 부모의 지도/지원 방식 탐색 • 모: 부모의 현 지원방식 탐색 및 관련 배경 탐색, 현 지원방식의 문제점과 관련 있는 비합리적 신념 탐색 및 모 자신의 관련 감정 이해 및 수용하기, 해당 호소문제에 대한 부모의 정서적 지지 방법 협조 및 교육 • 내담자: 호소문제에 대한 부모의 정서적 지지를 받기 어려운 이유 및 이와 관련된 비합리적 신념 탐색과 내담자 자신의 관련 감정 이해 및 수용하기, 부모의 정서적 지지를 받는 방법 연습

	'나는 친구 ○○와 마음을 나눌 수 있는 관계를 맺는다. 이를 통해 주변 친구들과 원만히 대인관계를 하는 방법을 익힌다.' 와 관련된 비합리적 신념 수정하기	중기 단계	**합의목표 관련 변화 모니터링** 지금까지 합의목표와 관련된 의미 있는 변화사건 구체화 • 예: "대놓고 나랑 같은 방 하기 싫다는 애가 있었는데 욕을 해 줄까 하다가 무시했어요." "같은 방에 배정된 다른 애들이랑은 그런대로 잘 지냈어요. 조금 친해진 것도 같아요." "주말에 엄마랑 좀 다퉜어요." '학교에서 조금 밝아졌음.' '수련회 다녀온 이후에 반 아이들과 잘 지내고 있고, 같은 방을 썼던 친구들과 친하게 지냄.'
	'나는 친구 ○○와 마음을 나눌 수 있는 관계를 맺는다. 이를 통해 주변 친구들과 원만히 대인관계를 하는 방법을 익힌다.' 와 관련된 친구관계 기술 연습하기		변화사건과 관련된 비합리적 신념 수정하기 또는 합리적 신념 활성화하기 변화사건과 관련된 친구관계 기술 연습하기
	'나는 친구 ○○와 마음을 나눌 수 있는 관계를 맺는다. 이를 통해 주변 친구들과 원만히 대인관계를 하는 방법을 익힌다.' 와 관련된 힘든 상황에서 대처방안 모색하기	종결 단계	합의목표와 관련된 힘든 상황에서 대처방안 모색하기 합의목표가 달성되어 감에 따라 달라진 일상생활 탐색

				• 예: '중간고사 때처럼 시험계획을 세웠고 그대로 하려고 노력했다고 함. 그 결과 사회, 기술가정 같은 과목은 성적이 올랐다고 기쁜 얼굴로 이야기함.' '고등학교 진학에 대한 걱정을 이야기함.' 합의목표 성취 노하우를 내담자/부모/교사와 공유 및 지속적인 유지/강화체제 구축

앞에서도 이야기했지만 상담자가 사례개념화에 기초한 상담개입을 성공적으로 수행하기 위해서는 상담과정에서 다음의 질문에 충실히 답할 수 있어야 한다.

첫 번째 질문, 상담자는 내담자 문제에 대한 사례개념화에 기초한 임상목표를 지향하면서 내담자나 보호자와 함께 조율한 합의목표를 달성하기 위해 무엇을 어떻게 구체적으로 개입해야 하는지 알고 있는가? 상담자는 매 상담회기에 구체적인 개입을 할 때마다 임상목표, 합의목표, 상담개입이라는 삼각형 안에서 균형 있게 개입하려면 어떻게 해야 하는지 알고 있어야 하고 이를 실행할 수 있는 능력을 갖춰야 한다.

두 번째 질문, 설정한 상담개입이 계획한 대로 실제로 상담에서 실행되고 있는가? 상담에서 실제로 실행된 개입이 원래 계획한 것과 다르다면 이것은 문제가 있음을 의미한다. 그런데 이보다 더 큰 문제는 상담자가 원래 계획한 것과 다른 상담개입을 하고서 그에 따라 나온 결과를 마치 사례개념화에서 계획한 대로 해서 나온 결과처럼 해석하는 경우다. 이런 경우에는 상담성과의 오도로 진실이 왜곡되는 치명적인 문제가 발생한다. 이렇게 되면 상담자는 내담자에게 일어난 변화가 무슨 이유로 어떻게 일어났는지 알지 못한 채 유사한 문제를 가진 다른 내담자에게 일반화하여 잘못된 개입을 계속하게 되고 상담능력은 전혀 발전되지 않게 된다. 사실 상담현장에서는 초기에 설정한 사례개념화대로 상담이 진행되지 않을 때가 있다. 그럴 때는 상담자가 실제 개입을 통해 상담 초기에 설정한 사례개념화에 부족한 면이 있으며 실제의 개입과 맞지 않는다는 것을 얼른 파악하고 초기의 사례개념화를 수정 · 보완해야 한다. 만약 상담실제에서 여러 번의 수정 · 보완을 거쳐 최종적으로 완성된 사례개념화가 있는데도 사례개념화와 상관없는 상담이 진행된다면 그런 상담은 결코 잘 하는 상담이라고 볼 수 없다.

세 번째 질문, 계획한 대로 상담개입이 진행됨에 따라 예상한 상담성과가 나타나고 있는가, 그렇지 않은가? 사례개념화는 상담의 효율성을 증대하기 위해 하는 것이다. 만약 상담개입이 사례개념화에서 계획한 대로 충실히 이루어짐에도 불구하고 예상한 상담성과가 나타나지 않는다면 이것은 최종적으로 완성한 사례개념화를 수정해야 한다는 신호다. 이럴 때 상담자는 내담자 문제에 대한 자신의 사례개념화에 문제가 있음을 인정하고 다시 검토해서 수정해야 하며 다른 형태의 개입방법을 찾아야 한다. 상담의 성과가 나타날 때까지 이런 과정은 반복된다.

네 번째 질문, 상담개입의 성과가 어떻게 해서 나타났는지 상담자의 관점(선호하는 특정 상담이론에 근거한 사례개념화)에서 설명이 가능한가? 상담자가 매 회기마다 사례개념화에 기초한 상담개입을 해서 내담자의 변화, 즉 상담의 성과가 나타난다면 어떻게 해서 그런 변화가 일어났는지 상담자의 관점에서 설명할 수 있어야 한다. 만약 상담자가 내담자의 변화와 사례개념화 간의 연관성, 즉 상담의 성과가 사례개념화에 근거한 개입에 의해 일어났다는 것을 설명하지 못하고 딴 이야기를 하거나 대충 두루뭉술하게 넘어간다면, 이는 상담자의 상담이론 구조가 약하다는 반증이다. 따라서 상담자는 자신의 상담이론 구조를 견고히 하기 위해 더욱 공부하고 연구해야 한다.

03

사례개념화와 상담실무

1. 사례개념화와 상담실제를 연결하는 공통전략

2. 사례개념화와 상담실제를 연결하는 상담단계별 전략

3. 사례개념화와 사례보고서

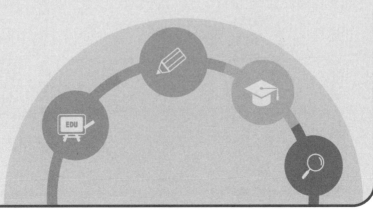

03 사례개념화와 상담실무

상담자가 초기단계에 가설로 세운 사례개념화를 바탕으로 상담개입을 계획한 후 그 상담개입을 종결단계에까지 그대로 상담실제에 반영하는 경우는 거의 없다. 이렇게 초기단계에 세운 사례개념화를 바탕으로 계획한 상담개입이 종결단계에까지 반영되지 않는 이유는 두 가지로 설명할 수 있다. 첫째, 초기단계에 세운 사례개념화는 내담자 문제를 해결하기 위한 구체성이 부족한 대략적인 지표이기 때문에 매 회기마다 변수가 있는 상담실제와 연결되지 않을 수 있다. 둘째, 초기단계에 세운 사례개념화를 여러 차례 보완하여 구체적인 사례개념화를 했다 해도 그것을 상담실제에 적용하는 상담자의 상담실무 능력이 부족하면 상담실제와 연결되지 않을 수 있다. 이 장에서는 상담자들이 '사례개념화-상담실제'를 함께 연결하여 상담의 효율성을 극대화할 수 있는 구체적인 전략들을 제시하고자 한다.

1. 사례개념화와 상담실제를 연결하는 공통전략

1) 상담자 자신의 상담이론을 항상 곁에 두고 생활한다

사례개념화를 효율적으로 하기 위해 상담자가 우선적으로 해야 할 일은 상담자 자신의 상담이론을 선택하는 것이다. 상담이론은 상담자에게 내담자가 왜 문제경험을 할 수밖에 없는지 그리고 내담자가 그 문제경험에서 벗어날 수 있도록 도와주려면 어떻게 해야 하는지에 대한 답을 찾게 해 주는 나침반 역할을 한다. 사람의 이상행동을 설명할 수 있는 성격이론이 있는 상담이론이라면 어떤 이론이라도 상관없다. 중요한 것은 일반론적인 답을 제시하는 상담이론과 그것을 직접 적용해야 하는 실제의 상담사례 사이에 존재하는 큰 간격을 좁히고 메우는 일이다. 특히 수련과정 중에 있는 상담자는 상담이론에서 언급하는 일반론적인 답에서 실제 상담현장에서 만나는 자신의 내담자에게 적용할 구체적이고 개별적인 답을 찾아내는 능력을 갖추기 위해 부단히 노력해야 한다.

상담자가 각 내담자에게 적용할 수 있는 개별적인 답, 즉 각 내담자의 문제에 대한 처방전이라고 할 수 있는 사례개념화를 구체화하는 것은 매우 어려운 작업이다. 사례개념화를 구체화하는 과정에서 생각대로 잘 되지 않으면 '내가 사례개념화를 잘 못하는 것은 내가 선택한 상담이론의 한계 때문이다.'라고 생각하고 더 좋아 보이는 다른 상담이론으로 바꾸는 상담자들이 있는데, 분명히 말하지만 이는 상담이론의 한계 때문이 아니라 상담자가 자신의 상담이론을 내담자의 문제에 적용하는 능력이 부족하기 때문이다. 따라서 상담자는 자신이 선택한 상담이론이 실제 상담사례에 어떻게 연결되는지 구체적으로 보여 주는 교재를 선택하여 꾸준히 공부하고, 어떻게 하면 교재에 제시된 사례처럼 상담이론을 자신의 사례에 접목할 수 있을지 끊임없이 고민해야 한다.

2) 연구 자료를 읽고 활용할 수 있는 능력을 갖춘다

요즘 상담연구가 활발히 수행되고 있다. 하지만 상담현장에 있는 상담자들은 쌓여 가는 상담 파일과 행정적인 업무를 처리하느라 바쁘다는 이유로 또는 상담연구 자료를 활용할 수 있는 능력이 부족해서 선행 상담연구의 자료를 실제 상담에 참고하지 못하는 경우가 많다. 그러나 상담자는 자신이 관심을 갖고 있는 상담문제에 대한 최근의 상담 관련 연구들을 검색해 보고, 여러 연구 자료 중에서 내담자의 문제에 유용한 정보를 선정하여 이를 내담자 문제를 개념화하는 데 활용할 수 있어야 한다.

앞으로 우리나라의 상담도 차츰 증거기반상담으로 바뀔 것이다. 1990년대부터 소개된 증거기반상담(evidence based practicum)은 상담자에게 단순히 '내담자–상담자만의 밀실' 상담이 아닌 제3자가 확인할 수 있는 객관적이고 과학적인 상담을 요구하고 있다. 이 상담철학의 핵심은 상담자가 내담자의 문제와 관련된 선행연구를 찾아보고 합당한 개입의 근거를 마련하여 해당 내담자에게 상담개입을 하고, 이렇게 해서 나온 상담의 성과를 객관적으로 입증하고 최종적으로 관련 전문가 집단과 공유하는 것이다. 따라서 상담자의 연구 자료 활용능력은 점점 중요해질 것이다. 여러분은 이미 제2장의 '통합적 사례개념화 모형의 실례'에서 사례개념화 분석 중 상담자 관점(72쪽 참조)에서 선행연구의 자료를 활용함으로써 내담자 문제에 대한 사례개념화의 근거가 보다 더 객관적이 되고 사례개념화 그 자체가 구체적이고 면밀해지는 것을 살펴보았다.

상담자는 스스로에게 다음의 질문을 해 봐야 한다. "나는 선행연구 자료를 읽을 수 있는 능력이 있는가?" "내 내담자의 문제에 대한 최근의 양적 연구와 질적 연구에는 어떤 것들이 있는지 관련 자료를 찾고, 그중에서 내담자와 직접 관련이 있는 연구 자료를 선별할 수 있는가?" "선행연구에서는 내담자의 문제에 대한 상담성과를 어떻게 평가하라고 하는가? 이를 바탕으로 나는 어떻게 성과를 평가할 것인지 계획하고 있는가?" 이러한 질문들에 확실하게 '예'라는 대답을 할 수 없다면 상담자는 더 열심히 공부해야 한다.

3) 가장 상담을 잘 할 수 있는 시간대를 확보한다

상담과정에서 사례개념화와 실제 상담개입은 동전의 양면과 같다. 내담자는 실제 상담개입만 경험하지만, 상담자는 사례개념화에서 시작하여 상담개입으로 가기도 하고 때로는 실제 상담개입에서 사례개념화로 다시 돌아가기도 한다. 상담자의 입장에서 보면 사례개념화와 상담개입은 긴밀한 관계 속에서 서로 영향을 주고받으며 순환된다. 따라서 상담에서 사례개념화와 상담개입이 따로따로 진행된다면 전문적인 상담이라고 보기 어렵다.

일선 상담현장에서 수련 중인 상담자들을 살펴보면 상담자의 전문성 수준과는 별개로 사례개념화와 상담이 긴밀한 관계 속에서 이루어질 때도 있고 그렇지 않을 때도 있다. 물론 사례개념화와 상담을 연결하는 능력도 상담자의 전문성 수준에 포함되지만, 사례개념화와 상담이 상호 협력적으로 연결되기 위해서는 물리적인 환경도 중요하다는 점을 강조하고 싶다. 상담자는 저마다 머리와 마음이 가장 협력적인 정신에너지가 충만한 시간대가 있다. 사례개념화와 상담이 겉돌아서 이 둘이 긴밀히 연결되기를 원하는 상담자는 정신에너지가 가장 충만한 시간대에 시간을 내어 훈련할 것을 권한다. 필자의 이런 제안에 대해 "나는 고용되어 있는 입장이어서 그럴 권한이 없다."거나 "내담자가 원하는 시간에 맞춰야 한다."라고 이야기하는 상담자들이 있다. 그런 이야기들이 사실이긴 하지만 그럼에도 방법을 찾으려고 노력하면 분명히 선택의 여지가 있다. 최고의 상담서비스를 제공할 수 있는 시간대에 상담을 하겠다는 제안에 상급자나 내담자가 무조건 거부하지는 않을 것이다. 협조를 구하면 통하게 되어 있다.

4) 예상한 상담개입의 결과가 나타나는지 항상 모니터링한다

'상담자가 옳은 개념화 안에서 적절한 상담개입을 했는데도 변화가 일어나지 않는다.'면 상담자는 어떻게 해야 할까? 가끔 현장에 있는 상담자들로부터 적절한 상담개입을 했는데도 변화가 일어나지 않는다는 이야기를 듣곤 한다. 그런 이야기를 한 상담자의 이후 행동을 살펴보면 자신이 예상한 변화가 일어나지 않았다는 생각에 조급해져서 자신의 사례개념화와는 전혀 상관없지만 남들이 유효하다고 말하는 여러 가지 온갖 상담개입을 분주하게 행하는 것을 볼 수 있다.

옳은 사례개념화에 따라 적절한 상담개입을 했지만 변화가 없다고 말하는 일선 상담자들을 슈퍼비전 해 보면 변화가 없는 이유를 크게 세 가지로 나눌 수 있다. 첫 번째는 '옳은' 사례개념화에 문제가 있는 경우다. 이들이 옳다고 말하는 사례개념화를 살펴보면 두루뭉술하거나 머리로만 이해하고 가슴으로는 이해하지 않은 경우가 대부분이다. 사례개념화는 외과의사가 암세포를 도려내듯 섬세하고 정밀하게 이루어져야 하고 머리뿐만 아니라 가슴으로 해야 하는 작업이다. 따라서 옳은 개념화를 하지 않았기 때문에 변화가 일어나지 않은 것이다. 두 번째는 내담자의 준비도를 무시한 채 상담자의 욕심에 따라 사례개념화를 실행하는 상담계획을 짜는 경우다. 상담계획을 세울 때 내담자가 상담자의 계획을 받아들일 준비가 되어 있는지 여부는 중요한 포인트다. 아무리 좋은 계획이라도 내담자가 받아들일 마음이 없으면 아무것도 되지 않기 때문이다. 이렇게 내담자의 준비도를 살펴보는 한편 상담자의 욕심에서 나온 과도하고 무모한 계획 때문에 변화가 없는 것은 아닌지도 함께 짚어 보아야 한다. 세 번째는 상담자의 상담개입 숙련도에 문제가 있는 경우다. 실제로는 자신이 계획한 것이 아닌 엉뚱한 다른 개입이 이루어졌는데 이를 자신이 계획한 것이라고 상담자가 착각하는 것이다. 이러면 당연히 예상한 변화가 일어나지 않는다.

상담은 과학적인 학문이다. 상담개입을 했음에도 변화가 일어나지 않는다면 변화가 일어나지 않은 이유가 반드시 있으므로 그 이유를 찾아야 한다. 그 이유를 찾기 위해 상담자가 한 사례개념화와 상담개입을 찬찬히 되짚어 보면, 상담자가 옳고 적절하다고 생각했던 것이 실제로는 그렇지 않았다는 것을 알 수 있고, 그냥 지나쳤거나 미처 깨

닫지 못했던 새로운 사실을 발견할 수 있다. 그리하여 상담자는 사례 개념화와 상담계획, 상담개입을 수정할 수 있는 좋은 기회를 얻게 될 것이다. 예상한 상담개입의 결과가 나타나는지 항상 모니터링하되, 예상한 결과가 나타나지 않을 때는 당황해서 이 방법 저 방법, 온갖 방법을 동원하기보다는 조급한 마음을 내려놓고 자신이 한 사례개념 화와 상담개입들을 다시 살펴보기 바란다.

5) 항상 내담자 변화에 대한 객관적인 증거를 수집한다

상담자가 내담자의 변화에 대한 증거를 모으는 목적에 따라 내담 자의 변화를 평가하는 방법이 달라진다. 따라서 상담자는 자신이 원 하는 목적에 맞는 평가방법을 사용할 줄 알아야 한다. 사례개념화를 바탕으로 설정한 상담개입이 내담자의 변화에 어느 정도 도움이 되었 는지 평가하는 방법에는 성과평가(outcome assessment)와 과정평가 (process assessment)가 있다. 성과평가는 상담개입을 시작하는 시점과 종결하는 시점에 평가해 사전/사후 점수를 비교함으로써 상담개입의 유효성을 평가하는 데 유용하고, 과정평가는 매 회기마다 평가함으로 써 변화의 추이를 추적하는 데 유용하다. 상담자가 내담자의 변화에 대한 증거를 모으는 목적에 따라 성과평가나 과정평가 중 하나를 선 택하여 사용하면 되지만 되도록이면 성과평가와 과정평가를 동시에 하는 것이 좋다. 두 가지 평가방법을 동시에 사용하면 성과평가를 통 해 사전/사후 비교를 해 봄으로써 어느 정도의 변화가 있는지 객관적 으로 알 수 있고, 추가적으로 얻은 과정평가 자료를 통해 특별히 점수 가 높거나 낮은 회기의 정보를 알 수 있어서 해당 변화요인이나 방해요인을 탐색하는 데 도움이 되기 때문이다.

또한 상담자는 내담자의 변화에 대한 객관적인 증거 자료를 수집하기 위해서 삼각측정(triangulation)이라는 개념을 이해할 필요가 있다. 세 번에 걸쳐 유사한 데이터를 얻으면 이 데이터를 믿을 만한 자료로 보는 삼각측정의 원리를 내담자의 변화에 대한 객관적인 증거를 수집하는 데 적용해 보는 것이다. 먼저, 평가의 대상에 내담자뿐만 아니라 보호자와 상담자를 포함시켜 그들에게서 나온 내담자의 변화에 대한 객관적인 정보를 수집한다. 내담자의 변화에 대한 내담자의 보고 자료에 보호자와 상담자가 보고하는 변화의 자료가 추가되면 훨씬 더 믿음이 가는 객관적인 증거가 된다. 평가해야 할 자료에는 내담자가 호소한 증상을 관찰한 자료, 내담자가 해당 호소문제에 대해 구두로 보고한 자료, 그리고 호소문제와 관련된 표준화 또는 비표준화 평가도구[15]에서 얻은 평정 자료가 있다. 이런 맥락에서 동일한 평가 대

---

15) 제2장에 소개된 상담사례의 경우, 내담자의 문제에 대한 사례개념화 과정에서 관련 변인으로 '복합 외상경험' '감정조절' '대인관계' '외로움' '부정적 인지' 등이 드러났는데, 이와 관련된 표준화 또는 비표준화 도구들을 성과평가로 활용할 수 있다. 또한 상담자와 내담자가 합의한 목표를 바탕으로 한 아래의 GAS(Goal Attainment Scale) 평가항목은 비표준화 평가도구로 매 회기를 마친 직후에 실시하는 과정평가로 활용할 수 있다.

'나는 친구 ○○와 마음을 나눌 수 있는 관계를 맺는다.'

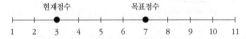

'이를 통해 주변 친구들과 원만히 대인관계를 하는 방법을 익힌다.'

상 또는 평가 자료로 여러 번에 걸쳐 반복적으로 수집한 증거보다 다른 평가 대상과 평가 자료를 통해 수집한 증거가 훨씬 신뢰할 수 있는 내담자 변화에 대한 증거가 될 것이다.

6) 자신에게 맞는 슈퍼비전 체제를 구축하여 슈퍼비전을 받는다

상담자는 매 회기마다 가장 적합한 개입을 하기 위해 내담자의 호소내용과 증상, 행동관찰을 통해 계획한 상담개입의 강약을 조절할 줄 알아야 한다. 또한 상담자는 현장에서 상담개입을 하면서 동시에 제3자의 객관적인 시선으로 자신의 상담개입을 모니터링하여 자신이 타당한 개입을 하고 있는지 판단할 수 있어야 한다. 그러나 내담자 문제의 심각도와 상담자의 전문성 수준에 따라 정도의 차이는 있겠지만, 내담자와 밀접한 관계를 유지하기 때문에 심리적 거리가 매우 가까운 상담자가 자신의 상담행위를 객관적으로 모니터링해 되짚어 보는 것은 생각보다 어려운 일이다. 따라서 상담자는 자신이 계획한 상담개입이 제대로 진행되고 있는지 항상 점검할 수 있는 시스템을 만들어 운영할 필요가 있다.

상담현장에 있는 상담자에게 유용한 슈퍼비전 체제에는 셀프 슈퍼비전과 동료 슈퍼비전, 전문가 슈퍼비전이 있다. 첫 번째는 셀프 슈퍼비전으로, 이는 모든 슈퍼비전의 토대가 된다. 대부분의 상담자가 슈퍼비전을 받을 때 슈퍼비전을 받고 싶은 이슈로 "상담을 했는데 옳은 방향으로 가고 있는지 궁금하다."는 식의 질문을 하는데, 이런 질문은 슈퍼바이저 입장에서 보면 너무나 막연하고 무책임한 질문이다.

슈퍼바이저들은 상담자들이 자신이 어떤 맥락에서 이런 질문을 하고 그에 대해 자신이 생각하는 잠정적인 답은 무엇이며, 이에 대한 슈퍼바이저의 생각이나 의견은 어떠한지 알고 싶다는 식의 구체적인 질문을 원한다. 그런데 슈퍼바이저에게 그러한 구체적인 질문을 할 수 있으려면 상담자가 홀로 자신과 깊은 대화를 하는 셀프 슈퍼비전의 시간을 가져야 한다. 상담자는 셀프 슈퍼비전을 통해 먼저 "상담과정에서 드는 의문점은 무엇인가?" 라는 질문을 구체화하고, 그다음 자신이 제기한 질문에 대해 자신의 상담이론과 관련 선행연구들을 연구하여 스스로 잠정적인 답을 찾아보는 숙고의 단계를 거쳐야 한다.

두 번째는 동료 슈퍼비전으로, 셀프 슈퍼비전을 통해 얻은 상담자 자신의 생각이나 답에 대해 동료들의 자문을 구하는 단계다. 내가 갖고 있는 의문에 대해 "나의 상담이론과 선행연구 자료를 살펴보니 잠정적인 답은 이것이고, 그 근거는 이렇습니다. 동료 선생님들은 어떻게 생각하세요?" 라는 식으로 자문회의를 개최한다고 생각하면 된다. 동료 슈퍼비전은 3~5명의 상담자들이 정기적으로 모여 진행하는 것이 좋은데, 같은 상담이론을 지향하는 상담자들과 함께하면 가장 좋지만 다른 상담이론을 가졌더라도 자문을 구하는 상담자의 이론적 관점에서 답을 찾아주려고 애쓰는 마음으로 함께하면 된다.

세 번째는 전문가 슈퍼비전으로, 셀프 슈퍼비전을 통해 제기한 질문에 대해 동료들의 자문을 받아도 해결되지 않는 이슈를 풀 수 있는 마지막 단계의 슈퍼비전이다. 수련 중에 있는 상담자는 자신이 하는 상담에 대해 필요할 때 자문과 평가를 해 줄 수 있는 주 슈퍼바이저와 긴밀한 관계를 형성해야 하는데, 이때 슈퍼바이저의 상담이론 배경이 상담자와 같으면 가장 좋다. 그러나 우리나라에서는 아직까지 지역사회에서 상담이론별 전문 슈퍼바이저를 만나기가 쉽지 않다. 따라서 나는 현실적인 대안으로 상담자들이 전문가 슈퍼비전을 할 때 슈퍼바이저에게 자신의 질문을 분명히 하고 자신의 이론적 관점에서 그 질문에 대한 잠정적인 답을 제시한 후, 그 답이 상담자의 이론적 관점에서 옳은 결론인지 알고자 한다는 것을 명확히 밝힐 것을 제안한다. 상담자가 그렇게 하면 슈퍼바이저는 상담자의 구체적인 질문에 더 정확하게 답을 해 줄 수 있고 상담자가 구하는 것보다 더 많은 것을 상담자에게 줄 수 있다.

많은 상담자가 자신이 고민하는 것이 무엇인지 정확히 모르거나 막연한 상태에서 자신의 이론적 관점을 드러내지 않은 채 슈퍼비전을 청하고, 막상 슈퍼비전을 받게 되면 슈퍼바이저의 권위에 눌려 슈퍼바이저가 제시하는 대로 하겠다고 답한다. 그리고 다음 회기에 내담자를 만나서 슈퍼바이저가 상담자의 이론적 관점이 무엇인지 모른 채 제시한 상담개입을 마치 자기의 것인 양 갑작스레 실행한다. 상담자가 확신을 가지고 하는 것도 아닌 어정쩡한 태도로 갑자기 이상한 상담개입을 하게 되면 내담자는 그런 상담자의 모습에 당황하게 되고 이후 상담이 잘 진행되지 않는다. 그러니 상담자들이 전문가 슈퍼비전을 받을 때는 되도록이면 자신의 질문을 구체화하고 자신의 상담이론 관점에서 찾은 답을 제시한 후 슈퍼바이저의 의견을 구하기 바란다.

2. 사례개념화와 상담실제를 연결하는 상담단계별 전략

1) 준비단계

(1) 평소 관심이 있는 상담문제에 대한 관련 정보를 수집한다

오늘날의 상담은 관심 영역이 점차 세분화되고 있다. 따라서 상담자는 자신이 관심을 갖고 있는 상담문제가 무엇인지 분명히 해 둘 필요가 있다. 상담자가 관심 있는 상담문제를 분명히 하면 자신이 잘 할수 있는 전문 영역을 정하는 데 도움이 되고, 특정 관심 주제에 대한 관련 학술 정보를 집중적으로 모을 수 있기 때문에 상담과정에서 보다 정확하고 신속하게 해당 사례를 개념화할 수 있다.

상담자는 크게 두 가지 방법으로 자신이 관심을 갖고 있는 주제에 대한 정보를 모을 수 있다. 첫 번째 방법은 상담자가 관심 있는 주제로 개최되는 학술세미나나 사례발표회에 적극적으로 참여하여 관심 주제의 발표 자료를 챙기고 해당 분야 전문가의 경험담을 듣는 것이다. 상담자가 관심을 갖고 있는 상담문제와 관련된 발표가 있다면 가급적 꼭 참여하는 것이 좋다. 자신이 관심을 갖고 있는 문제에 대한 최신의 참고 자료라는 유형의 정보뿐만 아니라, 발표자와의 만남이나 비슷한 관심사를 갖고 있는 상담자들과의 공식적·비공식적 접촉을 통해 예상치 못한 추가적인 무형의 정보를 얻을 수 있기 때문이다. 두 번째 방법은 주기적으로 인터넷 학술정보 사이트에 접속하여 관심 있는 상담문제를 검색해 최신 관련 정보를 모으는 것이다. 이 방법은 언제나 인터넷에 접속할 수 있는 요즘 같은 시대에 상담자에게 제일 유용한 방법인데, 이 방법의 관건은 상담자가 수많은 정보 속에서 효율적으로 관련 정보를 찾아내고 이를 분류할 수 있는지 여부에 달려 있다.

이 같은 방법으로 관심 있는 주제에 관한 정보를 모았다고 해도 이렇게 모은 정보들을 단순히 보관만 하는 것은 큰 의미가 없다. 그런 정보를 유용하게 활용하기 위해서는 상담자가 관련 정보를 분석하여 관심 있는 상담문제를 인과관계 맥락에서 분류해 범주화해야 한다. 마인드맵을 활용해 관심 있는 주제와 관련된 문제 발생의 흐름도를 그려서 체계적으로 정리해 두면, 실제 상담에서 관심 주제와 관련된 내담자 문제의 원인을 탐색하여 개념화할 때 방향계가 될 수 있다.

(2) 상담자의 관심 주제와 관련된 문제로 고민하는 내담자를 집중적으로 의뢰받는다

상담자가 관심을 갖고 있는 주제의 상담문제에 대한 이론적 개념도가 마련되었다면 그것이 실제 상담현장에서 얼마나 유용한지, 실제의 '내담자'에게 어느 정도 작동하는지 확인하는 상담실제를 해야 한다. 이렇게 관심 주제의 이론적 개념도를 상담실제에 적용하는 과정에서 상담자는 이론적 개념도와 내담자에게 실제 적용하는 것 사이에 큰 간격이 있음을 발견하게 되는데, 상담전문가가 되기 위해서는 이 간격을 좁히기 위한 임상적인 노력을 부단히 해야 한다. 상담자가 할 수 있는 임상적인 노력 중에 제일 중요한 것은 바로 상담자의 관심 주제와 관련된 문제로 고민하는 내담자, 즉 전형적인 관심 영역의 내담자를 의뢰받는 것이다.

그렇다면 상담자가 전형적인 관심 영역의 내담자를 만날 수 있는 방법은 무엇일까? 첫 번째는 다양한 홍보매체를 통해 지역사회의 일반인들에게 상담자의 전문 영역을 광고하는 방법인데, 웹 소식지 배포, 배너 광고, 다양한 형태의 언론매체 노출 등이 이에 속한다. 두 번째는 상담자가 자신의 전문 영역 또는 관심 영역을 사례발표나 연구발표를 통해 지역사회 동료 상담자들에게 알리는 방법이다. 마지막 방법은 서비스 대상 고객에 의한 홍보로 쉽게 표현하면 입소문이다. 이미 내방한 내담자가 자신의 성공경험을 잠재적 내담자에게 전파함으로써 자연스럽게 지역사회에 광고가 되는 방법이다. 이런 광고의 과정을 통해 내방한 내담자 중에는 상담자의 관심 영역에 부합하는 전형적인 사례가 있게 마련이다.

상담자가 관심 주제에 대한 잠정적인 이론적 개념도를 마련하고 이를 검증해서 보완하고자 하는 마음을 갖고 있으면 광고를 하지 않아도 약속이나 한 듯이 상담자가 만나고자 하는 내담자들이 연달아 찾아오기도 한다. 때로는 지금 다른 문제로 상담받고 있는 내담자가 느닷없이 상담자의 관심 주제에 관한 이야기를 하는 경우도 있다. 이렇게 상담자가 관심 주제에 대한 이론적 개념도를 마련하고 그 주제와 관련된 문제를 가진 내담자를 만나고자 하는 바람을 가지고 노력하면 광고나 동료상담자의 상담의뢰, 내담자의 자발적인 방문 등, 다양한 방법으로 반드시 그런 내담자를 만날 수 있다.

2) 초기단계

(1) 힘들어하는 내담자를 세상의 눈으로 먼저 보고, 그다음 상담이론의 눈으로 본다

슈퍼비전에서 상담자가 제시한 내담자 문제에 대한 사례개념화를 살펴보면 내담자의 아픔과 고민을 머리로만 이해하고 가슴으로 절절히 느끼는 수준에는 이르지 못한 경우가 많다. 상담실무자의 개념화 수준이 이 정도에 머문다면 상담자가 내담자를 기계적으로 또는 상투적으로 대할 가능성도 높아진다.

초기단계부터 상담자가 내담자의 아픔을 가슴으로 느끼는 사례개념화를 하려면 어떻게 해야 할까? 먼저, 세상의 눈으로 내담자를 느껴볼 것을 권한다. 예를 들어, 어떤 내담자가 내방하여 면담을 진행하는데 상담자를 대하는 내담자의 언어적·비언어적 태도가 상담자에게 '짜증'이나 '화'를 불러일으킨다고 하자. 역전이도 아니고 내담자를 대하는 상담자의 심적 상태와 무관하게 내담자에 대해 일어나는 상담자의 감정은 세상의 눈으로 내담자를 이해할 수 있는 좋은 기회가 된다. 상담자가 내담자를 대하자마자 짜증이나 화가 난다면, 세상의 눈으로 봤을 때 그 내담자를 대하는 대부분의 사람이 내담자에게 짜증이나 화를 낼 가능성이 많다고 볼 수 있다. 왜냐하면 상담자도 세상에 속한 사람이기 때문이다. 특히 내담자와 가까이 있는 사람들은 내담자에게 짜증이나 화를 말이나 행동으로 표현했을 가능성이 높다. 세상의 눈으로 정리해 보면, 짜증이나 화를 유발시키는 이 내담자는 주변 사람들이 내담자에게 짜증을 부리거나 화를 내는 상황에 많이 노출되어 있고 지속적으로 그런 환경에서 생활해 왔을 것으로 유추할 수 있다. 상담자는 자신이 세운 이런 가설이 맞는지 초기단계에서 추가적인 탐색을 통해 확인해 봐야 하는데, 대부분의 내담자에게서 상담자가 추론한 것과 비슷한 경험을 들을 수 있을 것이다. 그다음에는 상담자 자신이 내담자의 그런 척박한 환경 속에 놓인다면 어떻게 할지 상상해 본다. 아마도 자신이 내담자가 버텨 온 만큼 꿋꿋하게 버틸수 있다고 장담하지 못할 것이다.

내담자를 처음 봤을 때 상담자의 마음 한편에서 일어나는 짜증이나 화에 당황하지 말고 가만히 들여다보면 세상살이에 힘들어하지만그 누구보다 꿋꿋하게 살기 위해 애쓰는 한 사람으로서의 내담자를볼 수 있을 것이다. 상담자가 이렇게 살아가기 위해 애쓰는 한 사람으로서의 내담자를 먼저 볼 수 있어야 그다음에 상담이론의 눈으로 내담자를 볼 수 있다.

(2) 가설로 그려 본 사례개념화의 지도를 내담자와 또는 내담자의 동의하에 보호자와 공유하며 완성해 간다

사례개념화는 상담자가 혼자 은밀히 수행하는 비밀업무가 아니라내담자 또는 보호자와 함께 하는 여행과 같다. 상담자는 여러 가지 이유로 잠시 방향을 잃고 길 위에서 헤매는 내담자를 돕기 위해 애쓴다.하지만 내담자를 안내할 개략적인 개념화 지도를 갖고 있을 뿐 내담자를 만나자마자 단번에 완성된 사례개념화 지도를 제시할 수는 없다. 따라서 구체적이고 상세한 사례개념화 지도를 완성하는 것은 함께 여행하는 내담자의 도움이 있어야 가능하다.

초기단계에서 상담에 직접적으로 도움이 되는 사례개념화 지도를만들려면 먼저 상담자가 내담자의 문제를 이해하기 위해 세운 가설을 내담자 또는 보호자와 함께 솔직하게 나눌 수 있어야 한다. 상담자가 정밀한 사례개념화 지도를 만들기 위해서는 면접 중간중간에 상담자가 생각하는 가설(생각)을 내담자에게 간략하게 이야기하거나 필요하면 도표나 그림으로 개략적인 부분들을 보여 주고, 이 과정 중에 상담자가 잘 모르는 부분이나 부족한 부분이 있으면 그에 대해서 내담자에게 정중하게 질문하면서 관련 경험을 탐색해야 한다.

그러나 상담자가 초기단계에 내담자의 문제를 개념화할 때 혼자만의 생각에 빠져 일방적으로 내담자의 문제와 그 배경을 탐색한 후, 자기 나름의 유력한 가설을 설정하고 이를 내담자 또는 보호자와 공유하지 않은 채 곧바로 상담개입으로 연결하는 경우가 많다. 이렇게 되면 상담자는 이끌고 내담자는 뒤따라가는 상담관계가 형성되기 때문에 상담자와 내담자가 긴밀한 치료적 동맹을 맺기가 어렵다. 따라서 상담자는 처음부터 내담자의 문제에 대한 가설 또는 사례개념화를 내담자와 또는 내담자의 동의하에 보호자와 공유하면서 최종적인 사례개념화가 완성될 때까지 함께 만들어 가는 것이 좋다.

(3) 사례개념화와 상담실제는 유기적인 관계라는 것을 유념한다

상담자는 사례개념화의 가설을 세워 전체 그림을 완성하기 위해 접수면접에서 내담자의 문제와 관련된 정보를 탐색하는 데 많은 시간을 할애한다. 이때 내담자가 상담에 자발적으로 온 경우라면 내담자도 빠른 도움을 받고 싶어서 상담자의 탐색적 질문에 적극적으로 응하게 된다. 내담자는 이러한 접수면접을 한 이후 상담의 초기단계에 자신의 문제에 대한 분명한 해결책을 기대하면서 상담자에게 자신의 문제와 관련된 복잡한 마음을 쏟아낸다. 그러면 상담자는 밑그림만

겨우 그린 개념화 상태에서 임시방편의 상담개입을 하면서 개념화 지도를 완성해 가느라 혼자 분주해진다.

물론 상담자가 접수면접에서 사례개념화 지도를 거의 완성하거나 혹은 완성하지 못했더라도 사례개념화 지도를 더 보완하여 그릴 수 있도록 내담자가 접수면접의 연장을 암묵적으로 허락한다면 다행이지만, 상담현장에 있는 대부분의 상담자는 이런 행운을 누리지 못한다. 상담자가 접수면접에서 사례개념화를 바로 완성할 수 있거나 또는 사례개념화를 완성할 수 있도록 내담자가 접수면접의 연장을 허락하는 경우가 많지 않다는 말이다.

상담현장에 있는 상담자들은 사례개념화와 상담실제가 서로 연결되어 진행되는 유기적인 관계라는 점을 유념해야 한다. 상담자는 접수면접이나 접수면접의 연장을 통해 사례개념화를 다 완성한 후에 상담실제에 들어가는 것이 아니라, 개념화를 하면서 상담을 진행하고 상담을 진행하면서 개념화를 보완해 나가야 한다. 상담자는 먼저 내담자의 주된 호소문제와 관련된 촉발요인과의 관계에서 내담자의 반응 패턴(부적응적 패턴)을 분석해 내야 한다. 그 이후에 내담자의 반응 패턴이 언제 유발되고 어떻게 유지되어서 내담자가 비슷한 상황에 놓일 때마다 왜 부적응적 패턴으로 반응하게 되었는지를 상담의 흐름에 맞춰 탐색한다. 이때 유발요인과 유지요인을 순차적으로 탐색하기도 하지만 내담자의 통찰 수준에 따라 유발요인에서 유지요인으로, 유지요인에서 유발요인으로 왔다 갔다 하면서 지그재그로 탐색하는 경우가 많다. 이런 탐색을 통해 계속 사례개념화를 수정 · 보완하면서 완성시켜 나가고 그런 사례개념화를 근거로 상담실제를 진행해야 한다.

(4) 머리로만 하는 인지적 개념화를 넘어서 '내담자가 그렇게 할 수
밖에 없었구나.' 하는 마음이 가슴에 절실히 와 닿을 때까지 사
례개념화를 한다

상담현장에 있는 상담자들을 대상으로 상담사례 슈퍼비전을 해 보
면 의외로 상담자들이 내담자 문제를 머리로만 개략적으로 개념화하
고 마는 경우가 많다. 상담연구와 임상평가에서 사용해 온 사례개념
화의 정의를 상담실무에서 동일하게 사용하다 보니, 상담실무자들도
사례개념화라고 하면 인지적 수준의 개념화로 생각하는 경향이 있다.
사례개념화를 인지적 수준의 개념화로만 생각하면 극단적인 경우 상
담실무와 사례개념화가 별개인 것이 되거나 아니면 어정쩡한 개념화
로 상담개입을 하려다가 사례개념화가 오히려 상담실제에 방해가 되
기도 한다. 따라서 상담실무에서의 사례개념화는 그 용도가 다르므로
상담연구나 임상평가에서 말하는 사례개념화와는 다른 무언가가 더
필요하다. 그 무언가란 바로 상담실무자가 내담자의 문제를 머리로만
이해하지 않고 '아하! 이래서 내담자가 그렇게 할 수밖에 없었구나.'
하고 가슴으로 절실히 이해하는 사례개념화를 해야 한다는 것이다.

이런 수준에 도달하기 위해서 상담자는 다음의 노력을 기울여야
한다. 첫 번째는 상담자가 내담자의 시각으로 세상과 관계를 맺어 보
는 것이다. 초기단계에서 내담자 문제에 대한 사례개념화가 완성되었
다면 상담자가 내담자의 입장이 되어 자신이 내담자 주변의 주요 대
상과 환경에 어떻게 반응할 것 같은지, 그때 마음의 상태는 어떠할지
등을 상상해 본다. 필요하다면 동료들이나 슈퍼바이저에게 상담자 역
할을 부탁하고 상담자는 내담자가 되어 평상시 어떤 마음으로 행동할
것 같은지 역할극을 해 보는 것도 좋다.

두 번째는 내담자 문제에 대한 사례개념화가 가슴에 울림을 줄 때까지 물리적 시간을 확보하는 것이다. 상담현장에서는 접수면접자가 접수면접을 한 후 해당 상담자에게 내담자를 의뢰하거나 아예 처음부터 상담자가 접수면접 격으로 1, 2회 상담을 하고 이후 상담을 진행하는 것이 통상적이다. 그런데 어떤 형태로 하든 상담자가 접수면접에 해당하는 시간을 늘려서라도(예: 1회에 2~3시간의 심리평가와 접수면접 실시) 되도록이면 상담 초기에 내담자 문제에 대한 사례개념화를 거의 완성하고 그것이 가슴으로 받아들여질 때까지 일정 시간을 확보해야 한다. 어떤 경우에는 최대 2~3개월 후에 상담이 진행될 수도 있다. 그만큼 내담자를 가슴으로 온전히 이해하고 받아들이는 시간을 충분히 가져야 한다.

세 번째는 내담자를 사례개념화 자문위원으로 위촉하는 것이다. 상담자는 자신의 상담이론으로 내담자 문제에 대한 개략적인 개념화 지도를 가지고 상담을 시작하지만, 초기단계에 내담자와 함께 사례개념화를 구체화하는 과정에서는 내담자의 적극적인 도움을 받아야 한다. 이때 상담자는 마음의 자세를 낮추고 내담자에게 "이 부분은 참 애매하네요. 저는 이렇게 이해하고 있는데 제가 이해하고 있는 게 맞나요?" 또는 "이 부분은 많이 생각해 봤는데 솔직히 잘 모르겠습니다. 혹시 이것에 대해서 해 주고 싶은 이야기가 있나요?"라고 정중히 질문해야 한다. 상담자가 이런 태도를 보이면 의외로 많은 내담자가 자신이 살아오면서 이렇게 존중받는 것은 처음이라는 반응을 보이면서 상담자가 구체적으로 개념화 지도를 완성하는 데 기꺼이 도움을 준다. 상담자는 완성된 사례개념화에 따라 내담자가 현재 이 문제를 경험하게 된 스토리를 내담자에게 이야기해 주어야 하는데 이때 전문적인 용어가 아닌 일상적인 말이나 글로 설명한다. 상담자가 내담자에게 사례개념화의 내용을 설명할 때 내담자가 전적으로 공감한다면 상담연구나 임상평가에서의 사례개념화와는 다른, 상담실무자를 위한 사례개념화가 완성되었다고 볼 수 있다.

3) 중기단계

(1) 사례개념화에서 계획한 대로의 상담개입이 매 회기마다 어느 정도 실행되는지 모니터링하고 자기반성을 통한 자기교정 작업을 진행한다

상담의 중기단계에 접어들면 상담자는 상담실무자로서 내담자에게 가슴이 울리는 사례개념화를 실제로 실행해야 한다. 초기단계에서 사례개념화의 지도가 수정·보완되는 과정을 거쳐 확정되면 이제 사례개념화대로 실행하는 일만 남는데, 사례개념화를 실행하는 일은 말처럼 쉽지가 않다. 상담자는 많은 시행착오를 하는 숙련과정을 거친 후에야 비로소 사례개념화를 통해 내담자의 문제를 이해하고 사례개념화에서 설정한 상담개입을 계획한 대로 실행할 수 있게 된다. 내담자의 문제를 이해했다고 해서 계획한 대로 상담개입을 곧바로 실행할 수 있는 것이 아니라는 뜻이다.

사례개념화 지도를 완성하는 초기단계에는 과학자로서의 상담자 태도가 우선적으로 요구된다면, 이를 실행하는 중기단계에는 실천가로서의 상담자 태도가 요구된다. 즉, 상담자는 사례개념화에서 계획한 상담개입을 실행한 후 계획한 대로 실행되었는지, 실행되었다면 어떻게 실행되었는지, 계획대로 되지 않았다면 무엇 때문에 실행되지 않았는지, 어떻게 하면 계획대로 실행할 수 있는지 등에 대해 끊임없이 자기반성을 하고 이에 따라 각고의 노력으로 자기교정 작업을 해야 한다. 상담자가 상담현장에서 실행할 수 있는 자기반성과 자기교정의 4단계 절차는 다음과 같다.

1단계, 상담이 있는 날에는 당일 진행해야 할 내담자들의 상담사례를 리뷰하는 것으로 업무를 시작한다. 이때 먼저 전체 사례개념화 틀 안에서 구체적으로 지향하고 있는 임상목표와 합의목표, 상담개입을 마음에 새기고 오늘 진행될 회기에서 초점을 두어야 할 것을 재정리한다. 그리고 지난 회기에 '사례개념화 기반 성찰기록 양식(부록 2)'에 작성한 내용을 읽어 보고, 이를 통해 내담자별로 오늘 진행하는 회기에서 꼭 해야 할 상담개입을 구체적으로 기록해 둔다.

2단계, 상담 시작 직전에 1단계에서 기록한 메모를 상기해 보고 이를 머릿속으로 시뮬레이션 해 본다. 오늘 상담의 초점은 어디에 있는지, 이를 실행하는 과정에서 예상되는 해프닝은 무엇인지, 그런 일이 일어났을 때 상담자로서 어떻게 대응할 것인지 등을 편안한 마음으로 상상해 보는 것이다.

3단계, 모든 생각을 버리고 내담자와 함께 리듬을 탄다. 상담을 할 때 상담자가 자신이 준비한 것에 정신을 빼앗겨 내담자를 있는 그대로 못 보는 경우가 많다. 내담자가 이야기하면서 보여 주는 언어적/비언어적 단서를 듣지도 보지도 않는 것이다. 이렇게 내담자의 상태를 고려하지 않은 채 실행되는 상담개입은 효과가 지속되지 않는다. 상담자는 상담과정에서 보이는 내담자의 언어적/비언어적 단서를 통해 가장 적합한 시점에 준비한 상담개입을 자연스럽게 실행할 수 있는 능력을 갖추어야 한다.

4단계, 철저한 자기반성과 자기교정 작업을 하고 다음 회기에 잊지 말아야 할 것들을 '사례개념화 기반 성찰기록 양식(부록 2)'에 기록한다. 상담이 끝나면 내담자를 보낸 후 곧바로 1단계에서 정리한 오늘 회기에서 초점을 두어야 할 것이 실제 상담에서 이루어졌는지, 그 내용은 어떤 것인지, 이루어지지 않았다면 왜 그랬는지(상담자 변인, 내담자 변인, 관계변인 또는 상황변인은 무엇인지), 어떻게 하면 다음에는 준비한 것을 실행에 옮길 수 있는지, 마지막으로 다음 회기에 해야 할 것은 무엇인지 기록해야 한다. 이때 혼자서 해결할 수 없는 반복적인 이슈가 있다면 슈퍼비전을 받는 것이 좋다.

위의 4단계 절차를 간단하게 하면 철저한 사전 준비를 하라(1단계와 2단계), 물 흐르듯 자연스럽게 상담하라(3단계), 객관적인 사후평가를 하라(4단계)로 정리할 수 있다. 사례개념화와 상담실제를 연결하려면 상담실무자로서 설정한 상담 초점의 키(key)를 놓치지 않겠다는 끊임없는 자기반성과 그에 따른 자기교정이 있어야만 가능하다는 것을 잊지 말기 바란다.

(2) 매 회기마다 상담개입의 실행에 따른 결과, 즉 변화가 반드시 있다. 상담자는 내담자의 의미 있는 변화를 놓치지 말고 포커싱한다

세상의 관점에서 보면 내담자는 지친 사람이다. 그리고 이 세상은 아주 느리거나 아주 작은 변화는 인정해 주지 않는다. 하지만 상담자는 내담자의 아주 느리거나 아주 작은 변화도 놓치지 말고 알아차려야 한다. 상담자가 매 회기마다 의도된 상담개입을 하면서 개입을 통해 일어나는 내담자의 미세한 변화를 알아차리고 필요에 따라 미세한 변화에 포커싱하면, 내담자는 살면서 지금까지 한번도 받아 보지 못

한 존중과 사랑을 받는 경험을 할 수 있다.

상담자가 초기단계에서 내담자의 문제를 구체적으로 개념화하면 내담자가 그렇게 할 수밖에 없는 이유가 선명해지면서 내담자에 대한 이해가 깊어진다. 중기단계에 접어들면 합의목표에 따른 일정한 과제를 실행하게 되는데 이 과정에서 내담자는 보다 나은 방향으로 변화할 수도 있고 그렇지 못할 수도 있다. 매 회기마다 내담자의 변화가 세상이 원하는 만큼 기대한 대로 나타나면 좋겠지만, 내담자의 문제가 심각하면 심각할수록 그런 변화는 결코 단시일 내에 나타나지 않는다. 그렇게 되면 상담자는 무의식적으로 개입에 대한 결과가 나타나지 않는 데 실망하여 소진(burn-out)되는 경우도 있다. 그러나 이렇게 개입의 결과가 쉽게 나타나지 않을 때일수록 상담자는 세상의 관점이 아닌 상담의 관점에서 내담자의 변화를 볼 수 있어야 한다.

중기단계에서 상담자가 세상의 눈으로는 도저히 알아채지 못하는 내담자의 미세한 변화를 볼 수 있으려면 어떻게 해야 할까? 상담자는 내담자의 변화를 세 가지 관점에서 보아야 한다. 첫 번째는 플러스(+) 변화로 목표 대비 긍정적인 변화가 일어나는 것이다. 이는 세상의 관점에서 원하는 변화로 비교적 생활상의 가벼운 문제로 상담실을 찾은 내담자에게서 많이 나타난다. 심각한 문제로 내방한 내담자라도 장기상담의 결과로 종결단계에서 볼 수 있는 변화이기도 하다. 두 번째는 제로(0) 변화로 세상의 눈으로 보면 변화가 없지만 새로운 관점에서 보면 현상 유지인 경우다. 상담자는 내담자의 관점에서 세상을 볼 수 있어야 한다. 예를 들어, 일주일에 세 번 남의 물건을 훔치는 내담자가 있다고 하자. 내담자의 주변 환경은 전혀 변화되지 않았고 오히려 더 나빠진 것도 있다. 그럼에도 불구하고 내담자는 여전히 일주일에 세 번만 물건을 훔친다. 세상의 눈으로 보면 문제 덩어리인 비행이지만 나빠진 여건에도 불구하고 더 나빠지지 않으려고 애쓰는 내담자의 작은 마음을 볼 수 있을 것이다. 세 번째는 마이너스(−) 변화로 더 많이 악화될 수 있는데도 더는 나빠지지 않은 변화를 의미한다. 예를 들어, 내담자가 지난 회기에는 일주일에 세 번 물건을 훔쳤는데, 이번 회기에는 일주일에 네 번 물건을 훔쳤다고 하자. 상담자가 마음의 문을 열고 내담자가 어떤 상황에 있었는지 탐색해 보니 내담자는 여섯 번의 도벽 충동이 있었음에도 네 번만 물건을 훔치고 두 번은 참았다는 것을 알게 되었다. 이처럼 세상의 관점에서 보면 오히려 더 나빠진 것이지만, 상담자는 더 많이 악화될 수도 있었는데 더는 나빠지지 않은 내담자의 마음을 볼 수 있어야 한다.

상담자가 이렇게 세상의 눈으로는 알 수 없는 미세한 변화를 알아챘다면, 그다음 단계는 이런 작은 변화에 포커싱하여 변화 밑에 숨어 있는 변화의 메커니즘을 찾아내는 것이다. 내담자에게 플러스(+) 변화가 일어났다면, 크게 축하해 주면서 그간 어떤 변화가 있었는지, 어떻게 해서 그런 변화를 만들어 낼 수 있었는지, 앞으로 비슷한 상황이 오면 어떻게 하면 될 것 같은지 등에 초점을 맞춰 변화의 메커니즘을 찾아낸다. 제로(0) 변화나 마이너스(−) 변화가 일어났다면, 그간 어떤 변화가 일어났는지 함께 이야기한 후 상담자와 합의한 목표를 이루려고 노력했지만 그렇게 하지 못한 내담자의 심정을 충분히 이해해 주고 적절한 위로와 격려를 해 준다. 그리고 세상의 관점으로 봤을 때는 변화가 없지만 더 많이 나빠질 수도 있었는데 제로(0) 변화 또는 마이너스(−) 변화를 만들어 낸 내담자의 노력과 다음엔 어떻게 하면 원하는 것을 이룰 수 있을지에 초점을 맞춰 메커니즘을 찾는다.

4) 종결단계

(1) 상담실제에서 확인된 변화의 원리를 내담자가 일반화할 수 있도록 돕는다

'열 길 물속은 알아도 한 길 사람 속은 모른다.'는 속담이 있다. 그만큼 사람의 마음을 헤아리는 것이 몹시 어렵다는 말이다. 그러나 다행스럽게도 상담자는 상담이론을 통해 알기 어려운 그 깊은 마음속에 들어가 내담자의 문제를 사례개념화할 수 있다. 그리고 종결단계에 이르면 사례개념화에 따라 상담개입을 실천한 결과로 내담자에게 내담자 주변의 주요 관계자들이 인식할 수 있을 만큼의 플러스 변화가 일어나는 것을 경험하게 된다. 이때에 이르면 상담자는 목표로 한 상담성과가 나타난 것에 만족하며 종결의 수순을 밟는다. 이렇게 종결로 접어들었을 때 상담자가 잊지 말아야 할 것은 개념화에 바탕을 둔 변화의 원리, 즉 사례개념화의 원리를 내담자가 일상생활의 다양한 장면이나 상황에 두루 적용할 수 있도록 도와야 한다는 것이다. 또한 내담자의 동의하에 내담자의 보호자와도 이 변화의 원리를 공유하여, 향후 내담자가 다시 힘들어하고 지쳐할 때 옆에서 충분히 지원할 수 있도록 협력관계를 맺어야 한다. 이는 매우 중요한 것이기 때문에 상담자들이 꼭 기억하기 바란다.

(2) 내담자에 대한 사례개념화 결과보고서를 작성한다

상담자는 내담자의 문제해결을 도와주는 상담서비스 제공자로서의 역할과 자신의 상담이론을 정교하게 다듬는 과학자로서의 역할을 동시에 수행해야 한다. 그런데 종결단계에 이른 상담자들은 상담서비스 제공자 역할을 성공적으로 수행한 것에 취해 과학자 역할을 소홀히 하는 경우가 많다. 그러나 상담자가 자신의 상담이론을 정교하게 다듬는 과학자의 역할을 수행하는 것은 전문가로서의 책무이며, 특히 수련과정에 있는 상담자들에게는 더 엄중히 요구되는 일이다. 왜냐하면 상담자의 상담이론이 정교해질수록 궁극적으로 상담서비스의 질이 높아지기 때문이다.

상담서비스 제공자로서의 상담자는 종결단계에서 내담자가 변화하게 된 원리를 내담자 및 내담자의 보호자와 공유해야 하는데, 상담자가 이를 성공적으로 수행하기 위해서는 반드시 내담자의 정보가 아닌 사례개념화를 중심으로 상담개입의 결과를 되짚어 보아야 한다. 자신의 상담이론에 근거해 작성한 사례개념화에 따라 상담개입을 한 결과를 '특정 상담이론에 근거해 특정 내담자 문제에 적용하여 확인한 사례개념화 지도는 이러하다.' 고 설명할 수 있어야 한다(' 부록 4. 사례개념화 기반 종결보고서 양식' 참조). 특히 종결단계에서 이 변화의 원리가 내담자의 다른 장면이나 상황에 적용되어도 똑같이 작동하는 것을 확인했다면, 이제 상담자는 과학자로서 상담이라는 학문의 장에 '자신의 발견'을 발표해야 한다. 필요할 경우 특정한 문제에 대한 사례연구를 수행한 후 연구논문이나 사례발표회의 사례발표 형태로 발표한다.

3. 사례개념화와 사례보고서

상담실무자가 내담자의 문제를 개념화한 내용을 매 회기마다 실제 상담개입으로 연결하여 실행하는 것은 어려운 일이다. 따라서 상담실무자가 사례개념화 내용을 상담개입에 연결하려는 시도를 몇 번 해본다고 해서 상담실제에서 사례개념화와 상담개입이 일치하는 단계에 바로 이를 것이라고 생각해서는 안 된다. 일정한 수련기간 동안 꾸준히 사례개념화 내용을 실제 상담개입으로 연결하여 실행하면서 이과정에서 생긴 시행착오를 수정 · 보완해야 하고, 보완된 내용을 다시 실행하는 과정을 통해서 서서히 조금씩 사례개념화와 상담개입이 일치하는 단계에 이르게 된다. 이 절에서는 필자의 상담경험과 사례개념화 연구를 통해 직접 개발한 몇 가지 양식을 소개하고자 한다. 이 양식들은 상담실무자가 상담회기 전과 후에 사례개념화-상담개입의 일치도를 높여 상담의 효율성을 극대화하는 데 유용할 것이다.

1) 사례개념화 양식

사례개념화 양식은 I. 기본정보, II. 사례이해, III. 상담계획으로 세분화되어 있는데 이를 A4 용지 2장 이내로 작성할 것을 권한다. I. 기본정보에는 내담자의 문제와 관련 사실들을 객관적으로 기술한다. II. 사례이해에는 내담자의 문제와 관련된 객관적인 사실들을 통해 내담자가 어떤 심리내적 작용의 결과로 어떻게 문제를 경험하기에 이르렀는지 상담자의 이론으로 세운 가설을 기술한다. 이때 필요하다면 내담자와의 면담과정에서 확인하는 작업을 한다. III. 상담계획에는 임상목표, 합의목표, 상담전략과 상담단계별 주요 상담개입을 기술한다.

사례개념화 양식

(A4 용지 2장 이내로 작성할 것)

I. 기본정보

1. **호소문제:** 내담자가 언어로 표현하거나 비언어적 단서 또는 증상으로 드러내는 문제
2. **촉발요인:** 내담자로 하여금 빈번히 호소문제를 경험하게 하는 최근의 조건/상황/사건
3. **패턴 발생 경로:** 내담자의 반복적인 패턴을 발견하여 이에 이르게 된 관련 요인을 탐색함
   1) **부적응적 패턴:** 호소문제와 촉발요인 간의 관계를 분석하여 내담자의 반복적인 반응양식을 분석함
   2) **유발요인:** 내담자의 반복적인 반응양식(부적응적 패턴)이 시작되도록 한 요인
   3) **유지요인:** 내담자의 반복적인 반응양식(부적응적 패턴)이 유지되도록 한 요인
      (1) − 요인: 부적응적 패턴이 악화되도록 한 요인
      (2) + 요인: 부적응적 패턴이 덜 악화되거나 약화되도록 한 요인

II. 사례이해

상담자의 이론

앞의 기본정보를 바탕으로 상담자의 이론으로 설명하되, 상투적인 용어나 구체성이 없는 전문용어는 사용하지 말 것. 전문가는 물론이고 전문적인 용어를 모르는 내담자도 이해할 수 있을 정도로 구체적으로 기술함

III. 상담계획

1. **임상목표**: 상담자의 상담이론에 입각하여 지향하는 상담의 목표를 상담개입과 연결할 수 있을 정도로 구체화함
2. **합의목표**: 내담자의 준비도와 상담자의 능력을 고려하여 I. 기본정보를 바탕으로 이번 상담에서 이루고자 하는 바를 구체화함. 필요하다면 수치로 측정 가능할 수 있도록 해야 함
3. **상담전략**: 임상목표와 상담자-내담자 합의목표 달성에 필요한 구체적인 행동지침
4. **상담단계별 주요 상담개입**

단계	주요 상담개입	비고
초기단계	임상목표와 합의목표 달성을 위한 초기단계의 구체적인 임상활동	
중기단계	임상목표와 합의목표 달성을 위한 중기단계의 구체적인 임상활동	
종결단계	임상목표와 합의목표 달성을 위한 종결단계의 구체적인 임상활동	

5. **예상되는 장애**: 내담자가 상담장면에서 재연할 수 있는 부적응적 패턴이나 퇴행행동을 예상하여 구체적으로 기록함

2) 사례개념화 기반 성찰기록 양식

사례개념화 기반 성찰기록 양식은 I. 상담 관련 기본정보, II. 사례개념화 기반 자기성찰로 구성되어 있는데 이를 A4 용지 3장 이내로 작성하기를 권한다. I. 상담 관련 기본정보에는 진행하고 있는 사례의 상담현황을 검토할 수 있는 내담자의 인적사항, 상담목표와 상담전략

그리고 상담과정 개관에 대한 정보를 기술한다. II. 사례개념화 기반 자기성찰에는 임상목표-합의목표-상담개입 일치도 평가와 내담자의 변화 평가를 기술하고, 상담과정에서 일어난 내담자의 변화를 사례개념화의 관점에서 되짚어 본다. 상담자들은 상담의 매 회기마다 사례개념화 기반 성찰기록을 작성하고, 다음 상담의 시작 전에 이전의 성찰기록 내용을 살펴보면서 어떻게 하면 효율적으로 사례개념화와 상담개입이 일치되는 상담을 진행할 수 있을지 검토하는 것이 좋다.

사례개념화 기반 성찰기록(Reflection Journal) 양식
(A4 용지 3장 이내로 작성할 것)

I. 상담 관련 기본정보

1. **내담자의 인적사항**: 성별, 연령(학년), 학력, 직업, 결혼상태, 경제적 상태, 가족관계 등을 간략하게 기록
2. **상담목표**
   1) 임상목표: 상담자의 상담이론에 입각하여, 지향하는 상담의 목표를 상담개입과 연결할 수 있을 정도로 구체화함
   2) 합의목표: 내담자의 준비도와 상담자의 능력을 고려하여 이번 상담에서 이루고자 하는 바를 구체화함. 필요하다면 수치로 측정 가능할 수 있도록 해야 함
3. **상담전략**: 임상목표와 상담자-내담자 합의목표 달성에 필요한 구체적인 행동지침

---

4. 상담과정 개관

회기	상담개입	행동관찰	목표 대비 변화평가 및 기술	
			임상목표	합의목표
	임상목표와 합의목표 달성을 위한 임상적 활동	단순히 관찰한 내용을 나열하는 것이 아니라 어떤 조건/상황일 때 어떤 언어적·비언어적 반응을 보이는지 구체적으로 기록	임상목표 대비 변화된 것을 수치로 제시하고(예: 3/11 → 5/11) 변화의 내용을 간략히 기술	합의목표 대비 변화된 것을 수치로 제시하고(예: 3/11 → 5/11) 변화의 내용을 간략히 기술

II. 사례개념화 기반 자기성찰

1. 임상목표-합의목표-상담개입 일치도 평가

	현상 기술	현상의 원인	다음 회기에 반영할 점	비고
일치	실제 개입한 임상적 활동의 상담개입과 임상목표/합의목표 간에 일치한 내용을 기록함	일치한 내용이 일어난 원인을 내담자 변인, 상담자 변인, 내담자-상담자 관계 변인, 환경변인 등에서 탐색	일치한 내용과 관련된 원인을 지속적으로 유지할 대안을 기록함	
불일치	실제 개입한 임상적 활동의 상담개입과 임상목표/합의목표 간에 불일치한 내용을 기록함	불일치한 내용이 일어난 원인을 내담자 변인, 상담자 변인, 내담자-상담자 관계 변인, 환경변인 등에서 탐색	불일치한 내용과 관련된 원인을 해소할 수 있는 대안을 기록함	

2. 내담자의 변화에 대한 저널 쓰기

	현상 기술	현상의 원인	다음 회기에 반영할 점	비고
+ 변화	설정한 임상목표와 합의목표를 비교, 일어난 정적 변화(+ 변화)를 구체적으로 기술	+ 변화와 관련된 요인(예: 내담자 요인, 상담자 요인, 내담자-상담자 관계 요인, 환경요인 등)을 탐색해 보고 이를 상담자의 상담이론으로 설명함	상담과정에서 + 변화와 관련된 요인을 촉진할 수 있는 실천적 대안을 기록함	
0 변화	설정한 임상목표와 합의목표를 비교, 변화가 일어나지 않은 것(0 변화)을 구체적으로 기술	0 변화와 관련된 요인(예: 내담자 요인, 상담자 요인, 내담자-상담자 관계 요인, 환경요인 등)을 탐색해 보고 이를 상담자의 상담이론으로 설명함	상담과정에서 0 변화와 관련된 요인을 변화시킬 수 있는 실천적 대안을 기록함	
− 변화	설정한 임상목표와 합의목표를 비교, 일어난 부적 변화(− 변화)를 구체적으로 기술	− 변화와 관련된 요인(예: 내담자 요인, 상담자 요인, 내담자-상담자 관계 요인, 환경요인 등)을 탐색해 보고 이를 상담자의 상담이론으로 설명함	상담과정에서 − 변화와 관련된 요인을 변화시킬 수 있는 실천적 대안을 기록함	

3) 사례개념화 기반 슈퍼비전 양식

사례개념화 기반 슈퍼비전 양식은 슈퍼비전을 받기 위해 사전에 기록하는 양식으로 I. 상담자의 인적사항 및 슈퍼비전 이슈, II. 사례개념화 및 상담과정으로 구성되어 있으며, A4 용지 3장 이내로 작성하기를 권한다. I. 상담자의 인적사항 및 슈퍼비전 이슈에는 상담자의 상담경력과 상담실무의 이론적 배경, 슈퍼비전을 받고 싶은 이슈와 잠정적인 답을 기술한다. 이 과정을 통해 상담자는 자신이 제기한 슈퍼비전 이슈와 이에 대한 잠정적인 답을 자세히 탐구할 수 있다. II. 사례개념화 및 상담과정에는 상담자가 내담자 문제를 어떻게 개념화했으며 상담의 매 회기마다 어떤 상담목표와 상담전략을 가지고 어떻게 개입하였는지, 그 임상적 활동의 결과는 어떠한지를 기술한다. 이렇게 하면 개념화 과정과 상담목표 및 상담개입, 임상적 결과를 일목요연하게 개관할 수 있다. 이렇게 슈퍼비전 양식을 작성해 슈퍼비전에 임하면, 슈퍼바이저는 상담자가 상담현장에서 가진 의문점에 대해 훨씬 자세하고 구체적인 답변을 해 줄 수 있고, 상담자도 알차고 만족스러운 슈퍼비전을 받을 수 있다.

사례개념화 기반 슈퍼비전 양식

(A4 용지 3장 이내로 작성할 것)

I. 상담자의 인적사항 및 슈퍼비전 이슈(A4용지 1장 이내로 작성할 것)

1. 상담자의 인적사항

   1) 상담자의 성명(소속과 직위)

      예: 홍길동(상담심리센터, 상담원)

   2) 상담경력: 년   개월(총 사례 수:)

      석사수료 이후 개인상담 경력을 의미함

      예: 1년 8개월(총 사례수: 약 150사례)

   3) 학력(전공) 및 소지 자격증

      예: 석사(상담학 전공), 전문상담사 2급(한국상담학회)

   4) 슈퍼비전을 받고자 하는 해당 사례에 적용한 상담이론

      상담에 사용하는 상담전략 또는 상담기법의 상담이론이 아니라 내담
      자의 문제를 이해하는 데 사용한 상담자의 주 상담이론을 의미함. 상
      담자의 상담이론은 내담자의 문제를 이해하는 데 중심이 되는 역할
      을 함

2. 슈퍼비전을 받고 싶은 이유: 상담실무자로서 자신이 실행한 상담개입
   의 결과를 되짚어 본 후 떠오른 질문을 슈퍼비전 이슈로 자세히 기술하
   고, 제기한 이슈에 관련된 자료를 탐구하여 스스로 답을 찾아보는 과학
   자로서의 태도가 요구됨

   1) 슈퍼비전 이슈 1

      (1) 내용

      (2) 본 이슈를 제기한 이유

      (3) 제기한 이슈에 대한 잠정적 대답 및 근거

   2) 슈퍼비전 이슈 2

(1) 내용

(2) 본 이슈를 제기한 이유

(3) 제기한 이슈에 대한 잠정적 대답 및 근거

3) 슈퍼비전 이슈 3

(1) 내용

(2) 본 이슈를 제기한 이유

(3) 제기한 이슈에 대한 잠정적 대답 및 근거

II. 사례개념화 및 상담과정(A4 용지 2장 이내로 작성할 것)

1. 내담자의 인적사항: 성별, 연령(학년), 학력, 직업, 결혼상태, 경제적 상태, 가족관계 등을 간략하게 기록

2. 호소문제: 내담자가 언어로 표현하거나 비언어적 단서 또는 증상으로 드러내는 문제

3. 심리평가 결과 및 해석: 내담자의 호소문제를 중심으로 심리검사의 관련 결과를 제시하고 이를 해석함

4. 사례개념화

상담자의 이론

> 사례개념화의 구성요소(호소문제, 촉발요인, 부적응적 패턴, 유발요인, 유지요인)를 제시하고, 상담실무자의 상담이론으로 내담자가 문제(증상)를 경험할 수밖에 없는 스토리를 기술함

5. 상담목표

1) 임상목표: 상담자의 상담이론에 입각하여 지향하는 상담의 목표를 상담개입과 연결할 수 있을 정도로 구체화함

2) 합의목표: 내담자의 준비도와 상담자의 능력을 고려하여 이번 상담에서 이루고자 하는 바를 구체화함. 필요하다면 수치로 측정 가능할 수 있도록 해야 함

6. 상담전략: 임상목표와 상담자-내담자 합의목표 달성에 필요한 구체적 인 행동지침

7. 상담과정 개관

회기	개입	행동관찰	목표 대비 변화평가 및 기술	
			임상목표	합의목표
	임상목표와 합의목표 달성을 위한 임상적 활동	단순히 관찰한 내용을 나열하는 것이 아니라 어떤 조건/상황일 때 어떤 언어적 · 비언어적 반응을 보이는지 구체적으로 기록	임상목표 대비 변화된 것을 수치로 제시하고(예: 3/11 → 5/11) 변화의 내용을 간략히 기술	합의목표 대비 변화된 것을 수치로 제시하고(예: 3/11 → 5/11) 변화의 내용을 간략히 기술

4) 사례개념화 기반 종결보고서 양식

사례개념화 기반 종결보고서 양식은 상담을 종결한 후 작성하는 것으로 1. 내담자의 인적사항, 2. 호소문제, 3. 심리평가 결과, 4. 사례개념화, 5. 상담과정 개관, 6. 논의로 구성되어 있으며, A4 용지 10장 이내로 작성하기를 권한다. 이 양식을 작성하는 목적은 상담실무자가 특정 내담자의 문제를 사례개념화하여 상담개입을 한 결과로 발견한 상담 지식을 체계적으로 정리하고, 이를 비슷한 문제를 가진 내담자를 상담하고 있는 상담자들과 공유하는 데 있다.

사례개념화 기반 종결보고서 양식

(A4 용지 10장 이내로 작성할 것)

1. 내담자의 인적사항

성명 (가명 또는 사례번호)		연령		성별	
상담경위		학력		가족관계	

2. 호소문제: 상담에서 다룬 주된 호소문제 또는 증상을 유목화하여 기술

3. 심리평가 결과: 상담에서 다룬 주된 호소문제 또는 증상과 관련된 심리검사의 결과, 문제의 원인과 수립한 상담전략의 근거가 되는 심리평가 정보를 제시함

4. 사례개념화

상담자의 이론

> 사례개념화의 구성요소(호소문제, 촉발요인, 부적응적 패턴, 유발요인, 유지요인)를 제시하고 상담실무자의 상담이론으로 내담자가 문제(증상)를 경험할 수밖에 없는 스토리를 기술함

5. 상담과정 개관

회기	상담목표		상담전략	개입	내담자의 변화	비고
	임상목표	합의목표				
	상담자의 상담이론 관점에서 지향하는 상담목표	내담자-상담자가 최종 합의한 상담목표	상담에 사용한 주요 전략	개입한 상담내용	개입으로 일어난 내담자의 변화	

6. 논의

1) 상담성과 및 변화요인에 대한 평가: 상담개입 전과 후를 비교하여 주요 상담목표의 변화를 유목화하여 제시하고, 개입 후 변화를 일으킨 변화요인을 탐구하여 기술함

2) 선행연구와의 관계: 본 상담에서 발견한 변화요인들이 선행연구의 결과와 비교해 얼마나 보편성을 지니고 있는지를 논의함

3) 결론 및 제언: 선행연구와의 관계에서 논의를 통해 확인한, 비슷한 사례에 일반화할 수 있는 상담 지식을 현재 내담자를 상담하고 있거나 앞으로 진행할 예정인 상담실무자들에게 참고가 될 수 있도록 구체적으로 기술함

사례개념화 양식

(A4 용지 2장 이내로 작성할 것)

I. 기본정보

1. 호소문제: _____
   _____

2. 촉발요인: _____
   _____

3. 패턴 발생 경로

   1) 부적응적 패턴: _____
      _____

   2) 유발요인: _____
      _____

   3) 유지요인

      (1) − 요인: _____
          _____

      (2) + 요인: _____
          _____

II. 사례이해

상담자의 이론

```

```

III. 상담계획

1. 임상목표: _____

   _____

2. 합의목표: _____

   _____

3. 상담전략: _____

   _____

4. 상담단계별 주요 상담개입

단계	주요 상담개입	비고
초기단계		
중기단계		
종결단계		

5. 예상되는 장애: _____

   _____

사례개념화 기반 성찰기록(Reflection Journal) 양식
(A4 용지 3장 이내로 작성할 것)

I. 상담 관련 기본정보

1. 내담자의 인적사항: _____

_____

2. 상담목표

   1) 임상목표: _____

   _____

   2) 합의목표: _____

   _____

3. 상담전략: _____

_____

4. 상담과정 개관

회기	상담개입	행동관찰	목표 대비 변화평가 및 기술	
			임상목표	합의목표

II. 사례개념화 기반 자기성찰

1. 임상목표-합의목표-상담개입 일치도 평가

	현상 기술	현상의 원인	다음 회기에 반영할 점	비고
일치				
불일치				

2. 내담자의 변화에 대한 저널 쓰기

	현상 기술	현상의 원인	다음 회기에 반영할 점	비고
+ 변화				
0 변화				
— 변화				

사례개념화 기반 슈퍼비전 양식

(A4 용지 3장 이내로 작성할 것)

I. 상담자의 인적사항 및 슈퍼비전 이슈(A4 용지 1장 이내로 작성할 것)

1. 상담자의 인적사항

　1) 상담자의 성명(소속과 직위): ＿＿＿＿＿＿＿＿＿＿＿＿＿＿

　2) 상담경력:　　 년　　 개월(총 사례 수:　　　)

　3) 학력(전공) 및 소지 자격증: ＿＿＿＿＿＿＿＿＿＿＿＿＿＿

　4) 슈퍼비전을 받고자 하는 해당 사례에 적용한 상담이론:

　　＿＿＿＿＿＿＿＿＿＿＿＿＿＿＿＿＿＿＿＿＿＿＿＿＿＿＿

2. 슈퍼비전을 받고 싶은 이슈

　1) 슈퍼비전 이슈 1

　　(1) 내용: ＿＿＿＿＿＿＿＿＿＿＿＿＿＿＿＿＿＿＿＿

　　＿＿＿＿＿＿＿＿＿＿＿＿＿＿＿＿＿＿＿＿＿＿＿＿＿

　　(2) 본 이슈를 제기한 이유: ＿＿＿＿＿＿＿＿＿＿＿＿＿

　　＿＿＿＿＿＿＿＿＿＿＿＿＿＿＿＿＿＿＿＿＿＿＿＿＿

　　(3) 제기한 이슈에 대한 잠정적 대답 및 근거: ＿＿＿＿＿

　　＿＿＿＿＿＿＿＿＿＿＿＿＿＿＿＿＿＿＿＿＿＿＿＿＿

　2) 슈퍼비전 이슈 2

　　(1) 내용: ＿＿＿＿＿＿＿＿＿＿＿＿＿＿＿＿＿＿＿＿

_____

(2) 본 이슈를 제기한 이유: _____

_____

(3) 제기한 이슈에 대한 잠정적 대답 및 근거: _____

_____

3) 슈퍼비전 이슈 3

(1) 내용: _____

_____

(2) 본 이슈를 제기한 이유: _____

_____

(3) 제기한 이슈에 대한 잠정적 대답 및 근거: _____

_____

II. 사례개념화 및 상담과정(A4 용지 2장 이내로 작성할 것)

1. 내담자의 인적사항: _____

_____

_____

2. 호소문제: _____

_____

_____

3. 심리평가 결과 및 해석: _____

_____

_____

4. 사례개념화

  상담자의 이론

┌───┐
│   │
│   │
│   │
│   │
│   │
│   │
│   │
│   │
│   │
│   │
│   │
│   │
│   │
└───┘

5. 상담목표

  1) 임상목표: _____

     _____

     _____

  2) 합의목표: _____

     _____

     _____

6. 상담전략: _____

   _____

   _____

7. 상담과정 개관

회기	개입	행동관찰	목표 대비 변화평가 및 기술	
			임상목표	합의목표

첨부

1. 슈퍼비전을 받고 싶은 이슈와 관련 있는 회기의 해당 부분 축어록 (해당 회기의 전체 축어록이 아님)

2. 상담 파일, 심리평가 검사 결과, 슈퍼비전 수첩, 이 외 슈퍼비전 이슈와 관련된 자료(필요시)

사례개념화 기반 종결보고서 양식

(A4 용지 10장 이내로 작성할 것)

1. 내담자의 인적사항

성명 (가명 또는 사례번호)		연령		성별	
상담경위		학력		가족관 계	

2. 호소문제: _____

_____

3. 심리평가 결과: _____

_____

4. 사례개념화

상담자의 이론

5. 상담과정 개관

회기	상담목표		상담전략	개입	내담자의 변화	비고
	임상목표	합의목표				

6. 논의

    1) 상담성과 및 변화요인에 대한 평가: _____

    _____

    2) 선행연구와의 관계: _____

    _____

    3) 결론 및 제언: _____

    _____

첨부

1. 관련 회기의 축어록

| 참고문헌 |

고나래(2008). 아동, 청소년기 복합외상경험이 정서조절과 대인관계문제에 미치는 영향. 이화여자대학교 대학원 석사학위논문.

안도현(1996). 연어. 서울: 문학동네.

이명우(2004). 상담사례개념화 교육 프로그램 개발 연구. 연세대학교 대학원 박사학위논문.

이명우(2011). 사례개념화 슈퍼비전 과정-성과 단일 사례연구: 수련기 초기 수퍼바이지 대상. 재활과학연구, 50(2), 19-42.

이명우(2013). 사례개념화 집단교육의 효과분석. 예술심리치료연구, 9(3), 113-131.

이명우, 박명희(2015). 근거이론에 의한 사례개념화 교육 경험 분석. 예술심리치료연구, 11(3), 67-90.

장윤아(2014). 청소년의 외로움과 대인관계문제의 관계: 부정적 인지의 매개 효과. 성신여자대학교 대학원 석사학위논문.

Goldfried, M. R. (1991). Transtheoretical ingredients in therapeutic change. In R. C. Curtis & G. Stricke (Eds.), *How people change* (pp. 29-37). New York: Plenum Press.

Sperry, L., & Sperry, J. (2012). *Case conceptualization: Mastering this competency with ease and confidence*. London: Routledge.

| 찾아보기 |

저자 소개

이명우(Lee, Myung Woo)

한국청소년상담원(현 한국청소년상담복지개발원)의 교수를 역임하였다. 현재는 평택대학교 상담대학원 교수로 재직 중이며, 상담 관련 학회에서 활발히 활동하고 있다.

상담현장에서 어려운 상담사례를 접하면서 사례개념화의 필요성을 절감하였고, 1997년부터 사례개념화 중심의 개인상담사례연구집단을 운영해 왔다. 이 경험의 일부를 토대로 2004년 연세대학교에서 '상담 사례개념화 교육 프로그램 개발 연구'를 수행하여 박사학위를 받았다. 사례개념화 중심의 상담실무와 상담슈퍼비전, 상담연구를 병행하면서 체득한 사례개념화에 대한 전문적 지식과 지혜를 상담현장에서 어려운 사례로 힘들어하는 상담자들과 공유하는 데 많은 노력을 기울이고 있다.

사례개념화 교육을 원하시는 분은
QR코드로 접속하여 메모를 남겨 주세요.

효과적인 상담을 위한 사례개념화의 실제
통합적 사례개념화 모형(ICCM-X)

Case Conceptualization and Effective Counseling
Integrated Case Conceptualization Model-X(ICCM-X)

2017년 1월 20일 1판 1쇄 발행
2023년 8월 10일 1판 8쇄 발행

지은이 • 이 명 우
펴낸이 • 김 진 환
펴낸곳 • (주) **학 지 사**

04031 서울특별시 마포구 양화로 15길 20 마인드월드빌딩 5층
대표전화 • 02) 330-5114   팩스 • 02) 324-2345
등록번호 • 제313-2006-000265호

홈페이지 • http://www.hakjisa.co.kr
인스타그램 • https://www.instagram.com/hakjisabook/

ISBN 978-89-997-1108-4 93180

정가 **14,000원**

출판미디어기업 **학 지 사**

간호보건의학출판 **학지사메디컬** www.hakjisamd.co.kr
심리검사연구소 **인싸이트** www.inpsyt.co.kr
학술논문서비스 **뉴논문** www.newnonmun.com
원격교육연수원 **카운피아** www.counpia.com